你就是脸皮太薄

大胆开口，刻意练习

汪国红 段成静◎著

中国纺织出版社

内 容 提 要

现代社会，人际交往被提升到前所未有的高度，那些脸皮薄的人们，常常因为各种原因而不敢开口，以至影响了自己的工作和生活。

每个人的成长都需要漫长的过程，哪怕是一个天生害羞、脸皮薄的人，如果在生活中抓住各种机会多多练习，也能够获得改善，从而让自己的脸皮渐渐变得“厚”起来。本书以心理学知识为基础，从社会学的角度出发，剖析人们在生活中害羞、胆怯、畏缩的各种现象，从而帮助读者朋友们分析如何才能改善自己的害羞状态，越来越积极勇敢、不再畏惧和羞怯。

图书在版编目（CIP）数据

你就是脸皮太薄：大胆开口，刻意练习 / 汪国红，段成静著.--北京：中国纺织出版社，2018.8（2019.1重印）
ISBN 978-7-5180-4934-9

Ⅰ.①你… Ⅱ.①汪… ②段… Ⅲ.①心理交往—社会心理学—通俗读物 Ⅳ.①C912.11-49

中国版本图书馆CIP数据核字（2018）第078582号

责任编辑：闫 星　　特约编辑：王佳新　　责任印制：储志伟

中国纺织出版社出版发行
地址：北京市朝阳区百子湾东里A407号楼　邮政编码：100124
销售电话：010—67004422　传真：010—87155801
http：//www.c-textilep.com
E-mail：faxing@c-textilep.com
中国纺织出版社天猫旗舰店
官方微博http：//weibo.com/2119887771
北京通天印刷有限责任公司印刷　各地新华书店经销
2018年8月第1版　2019年1月第2次印刷
开本：710×1000　1/16　印张：13
字数：146千字　定价：36.80元

前言

很多人都会因为不好意思而委曲求全、忍辱负重，哪怕是对于自己已经计划好的事情，也因为他人的阻碍而不得不放弃。不得不说，不好意思，这其实是一种非常失败的心理习惯，已经严重地影响了我们的生活。

在生活中，不好意思的人总是处处被动，也因为抹不开面子而被他人主宰。实际上厚脸皮不再是一个贬义词，尤其是在现代社会，竞争这么激烈，生存压力越来越大。在适当的时候让自己的脸皮厚一点，占据主动的位置，并不是什么坏事情。中国是有着五千年悠久历史的文明古国，中国人向来主张要谦虚低调，因此，从小时候开始，我们就被父母教育凡事不要和别人争执，而要像真正的君子那样谦虚礼让。与此同时，我们还被灌输“吃亏是福”的观念，以至在激烈的市场竞争中我们变得越来越胆小、怯懦，遇事只会委曲求全，就像鹅卵石一样完全失去了自己的棱角。

然而，时代在发展，社会也在日新月异地改变。如果一味地讲究人情，顾及面子，那么我们在生活和工作中就会非常被动。如果我们继续脸皮薄，凡事都不好意思，就会在无形中吃亏上当，甚至哑巴吃黄连——有苦说不出。人生短暂，一味地委屈自己并不是明智之举。虽然我们要当谦谦君子，但是我们也要对自己的人生负责。面对他人的步步紧逼，我们也许可以退让一次，但是不能退让一生。尤其是在人际交往中，我们会遇到形形色色的人，其中，有的人和我们一样谦虚礼让，那么我们当然可以对他们奉行君子之道；但是也有些人完全是盛气凌人，在这种情况下，我们就要勇敢地捍卫自身的权利，而不要为对方的强势所吓倒。

不管是对于整个大自然而言，还是对于人类社会而言，抑或对于我们自身而言，总是要维持一定的平衡才能让一切在秩序井然中不断发展。而所谓的不好意思恰恰会让我们失去这种平衡，或者在这种平衡中处于被动的位置，所以，朋友们，不要再以害羞和脸皮薄作为借口逃避社会的竞争，而要坚强起来，让自己成为人生的强者，勇敢地迎接命运的挑战。

在人际交往中，脸皮薄的人往往不好意思直接把很多话说出口。其实，不要让不好意思成为一种习惯，而要试着让自己的脸皮变得越来越厚。该说的话只有说出来，别人才会知道。在激烈的竞争中，我们也要学会以语言维护自己的利益。尤其是在人际交往中，我们更要敢说敢想敢干，这样才能与他人平起平坐、保持平等的地位。

要想让自己成为人生真正的强者，就让我们从不好意思张口说话到好意思与人展开公平的竞争开始做起吧！也许第一次努力地张开嘴与陌生人搭讪会让你脸红心跳，也许第一次与他人争论长短、维护自己的利益会让你觉得有些别扭，但是随着时间的流逝，这一切都会成为你心目中的理所当然，你的人生也会因此而变得昂扬向上、与众不同。

编著者

2017年10月

目 录

第01章

死要面子活受罪，脸皮太薄吃不开

在传统观念的影响下，很多人都会情不自禁地陷入面子怪圈，根本不知道如何逃脱出来。殊不知，常言所说的“死要面子活受罪”是完全有道理的，其实，现实生活中我们不但需要面子，更需要里子，唯有里外兼顾，才能更好地生活，才能在各种社交场合吃得来，处处受欢迎，拥有良好的人际关系。

陷入面子怪圈，只会身心俱疲

中国自古以来的风俗习惯，使得人们非常爱面子，很多人为了给自己的脸上贴金，甚至吃尽苦头，在他人的注视下，只能打落牙齿咽到肚子里，流下眼泪吞到心里去，就是不能丢了面子。也因为爱面子，农村的很多大爷大妈逼着儿子媳妇必须给自己生出一个孙子，哪怕为此与儿子媳妇闹得不可开交也在所不惜。还有些职场人士，打肿脸充胖子，明明心里叫苦不迭，表面上却要装出不以为然的样子，着实惹人发笑。常言道，饿死事小，失节事大，由此可见，中国人把面子看得多么重要，宁愿肚皮受罪，也绝不能落人以话柄，更不能因为肚皮问题丢了面子。

实际上，生命在任何时候都是第一本位的，唯有活着，才能更好地顾及面子。所谓人活一张脸，树活一张皮，这是在生存有保障的前提下才能顾及到的。换言之，我们要摆正吃饭和活着的关系，吃饭是为了活着，但是活着不仅仅为了吃饭，所以，很多有高风亮节的人都宁愿饿着肚皮，也要保持尊严和节气。这当然是值得我们钦佩的，毕竟，在大是大非面前，生命诚可贵，自由价更高。也正因为如此，几十年前革命先烈才不惜抛头颅、洒热血，为我们换来了今日的幸福生活。不过，如今是和平年代，通常不需要我们付出生命的代价去维护尊严。很多时候，我们可以把生活中的小事看淡一些，尤其是对面子问题，千万不要上纲上线，以免为了面子丢了里子。

如今，有很多人都已经陷入面子怪圈，即不管现实的情况如何，都要死守面子。这种为面子独尊的做人做事的观点，如今已经大大地落后了。尤其是当我们的行为举止都被面子观束缚住时，我们根本无法顺从自己的本性做最真实的自己，不得不说，我们为了所谓的面子，付出了太多。

在生活中，被面子绑架的人更是数不胜数。诸如人们请客的时候，总是不按照实际的人数和需要点菜，而是铺张浪费，哪怕囊中羞涩，当着客人的面也要多多点菜，一则表现出自己的热情好客，二则也是为了面子，以丰盛的款待堵住客人的嘴，以期获得客人的好评。正因为如此，中国每年在餐桌上的浪费问题才让人们触目惊心。其实，在很多西方企业，不会平白无故地以吃饭打头阵，哪怕是因为工作需要必须在一起用餐，也往往采取AA制，从而让人际关系一清二白，处理事情和问题的时候也能够做到公平。

自古以来，人们就讲究礼尚往来，如果你来而我不往，那么非礼也。很多人都习惯于在回馈他人的时候给予他人更多，从而表现出自己的慷慨大方，也自认为这样能够加深与对方的感情。殊不知，真正的感情并非建立在物质的基础上，长久以来的请客吃饭送礼等手段，也只会使人们彼此之间变得尴尬，甚至无法坦诚相见。所以，朋友们，不管你是那个需要给别人面子还是从他人那里得到面子的人，从现在开始不要再被面子绑架。记住，你才是生活的主宰，你有权利决定自身的言行举止，作出自己的选择，你完全可以不被面子绑架，而是公事公办，从而摆脱面子怪圈。

当然，大多数人都担心拒绝他人一定会使自己陷入麻烦。其实，只是在你真正说出“不”之前，你会觉得很难堪，心理压力巨大，而当你真正说出“不”时，你会觉得心理上非常轻松，而那个被你拒绝的人也未必就觉得丢了面子。所以，朋友们，不要再为了所谓的面子问题而委曲求全，从现在开始，表达自己的心声，做最真实的自己吧，相信你一定会有与众不同的美妙体验。

厚脸皮的人更善于交际

如果说以前所谓的“老实人”“脸皮薄”是在夸奖人，那么，随着社会的发展，在如今这个时代，所谓的“老实人”“脸皮薄”等形容词则成为那些老实怯懦无能者的代名词。这不是说人不需要安守本分、坚守原则，而是在当今社会，所谓的胆小怯懦老实者已经完全吃不开了。尤其是在人际关系提升到新的高度的今天，如果一个人不能在人群中推销自己，赢得大家的认可和赏识，也无法结交很多朋友，那么这个人就会寸步难行。人脉资源已经成为最重要的资源之一，唯有拥有丰富的人脉关系，才能吃得开、行得通，不管是在生活上还是工作中都进展顺利。

然而，要想在人际交往中如鱼得水，并非一件容易的事情，甚至对于某些人而言比搞学术研究还要困难。现实情况告诉我们，一个人要想在人群中左右逢源，处处受人欢迎，一味地逃避他人、回避社交是完全行不通的，唯有从交际需要出发，把握好交往的度，才能在社交场合游刃有余。所以说，过于害羞的人很难和陌生人或者不太熟悉的人展开交往，唯有积极主动，甚至凭着不怕被拒绝的厚脸皮锲而不舍，才能成功建立良好的人际关系。

公元227年，孔明率兵进攻祁山，曹真带兵迎战。在祁山，两军对垒，战争一触即发。决战前，两军进行了“对骂”，其实就是先进行攻心术，从而争取兵不血刃，让对方不战而降。首先，曹真派出王朗，王朗劝说孔明：“你是个天下奇才，为何要发起战争让天下百姓遭殃呢？要知道，天命一旦改变不可忤逆，帝位更新更非常人所能改变，这是天命……”随后，王朗还不遗余力地赞美孔明，让孔明主动投降，甚至连孔明军中的将士都深受感动。

不承想，王朗说完之后，孔明大笑起来，说：“作为汉朝元老，你也不过如此。你说出这些混账话来，难道自己不觉得羞愧吗？这次，我领军讨伐逆贼，是天道使然，你这个叛徒却胆敢口出狂言，颠倒黑白，你是急着见阎王吧！我只是不明白，到时候你这个叛贼如何有颜面拜见汉朝的二十四帝？你还是速速让开，让他人来与我决一死战吧。你根本不配出现在我的面前！”孔明话音刚落，王朗被羞愧得再也说不出任何话来，口吐鲜血坠落马下，当场就死了。

后代人常说，王朗是因为气大伤身，被气死的，实际上，王朗也是因为脸皮太薄，才被孔明羞辱而死的。他有胆量叛变，却没有胆量与孔明对阵叫骂，最终被孔明的慷慨陈词骂死了。尽管他口口声声说自己是替天行道，实际上他骨子里丝毫没有自信，而认定自己是个大逆不道的叛逆臣子。当孔明当面揭他的短时，他只能一头栽到马下，被活活气死，或者说是羞愧而死。

通常情况下，人们总是用爱面子来形容那些自尊心强的人，反过来说，大多数自尊心强的人都很爱面子。殊不知，自尊固然重要，尊严也不可冒犯，但是没有必要因为过于自尊而过度虚荣，导致自己非常被动，甚至经不起别人的冷嘲热讽。

当然，所谓的厚脸皮，并非意味着完全践踏和无视自己的尊严，而是告诉我们凡事皆有度，必须把握合适的度，才能更好地维护尊严，才能拥有健康健全的心理。若我们一味地维护自己的自尊，甚至失去心理平衡，那么我们不但会非常被动，也常常会对他人有心或者无意的冷嘲热讽哑口无言，因此，还不如脸皮厚一点，从而让自己原本脆弱的自尊心变得坚强起来。古今中外，大多数成功者都是“厚脸皮”，他们不会为了所谓的尊严就轻易放弃自己的追求，更不会为了获得成功就不择手段。唯有拥有金刚不破的强大内心，我们的人生才会变得更加从容，绝不紧张局促。

拒绝虚荣，尽享真实人生

虚荣心过强的人总是很容易陷入虚荣的陷阱，被虚荣的怪圈囚禁，无法自拔。当然，这个世界上每个人都有虚荣心，例如，每个人都会情不自禁地表现出自己优秀的一面，并且掩饰自己不足的地方。从本质上而言，所谓的虚荣心，就是人们企图掩饰自身不可见人一面的心理折射，一个人唯有真诚自然地面对自己，才能消除虚荣心，活出精彩从容的人生。

虚荣心在现实生活中有很多表现，诸如，有的人总是活在他人的眼光里，不管做什么事情都想得到他人的认可和赞美，甚至完全忘记了自己的本意。再如，有些人做事情的时候，一旦遇到他人的反对，就会心里没底，无法继续坚持自己的想法和观点，更不能坚定不移地循着本心做好自己该做的事情。这些人，都是爱虚荣的。常言道，良药苦口，忠言逆耳，不可否认，趋利避害的本性使得人们都想远离批评和否定，而更愿意听到赞美。但是，金无足赤，人无完人，世界上根本没有绝对完美、无可挑剔的人，我们当然也有自身的缺点，因而不要总想听到赞美之词，更要虚心接受他人的意见和观点，有则改之，无则加勉，这样才能不断提升和完善自我，让人生更加从容不迫。

从另一个侧面来看，很多被赞美惯了的人，一旦被他人否定，就会觉得内心受到伤害，甚至对他人心生抱怨。与此同时，他们会感到沮丧绝望，甚至变得自暴自弃，对于人生再也没有强烈的希望和热烈的渴盼。尤其是当一个人凡事都需要得到他人认可时，他就会失去自己，迷失灵魂。此外，这种凡事必须征求他人同意的虚荣心，还会给生活带来更多的麻烦，也使得当事人遭遇更多的坎坷和挫折。日久天长，当事人必然感到自身的虚弱无力，甚至把这种因子深入渗透到生命之中，从此如影随形，无法摆脱。自古以来，虚荣的事例从不少见，作为人的一种特性，虚荣还会使人极具进攻性，总是用这把“双刃剑”伤害别人，也伤害自己，因而虚荣的人很少有朋友，即使有朋友，也都是虚伪的朋友，而绝少有真朋友。所以，朋友们，不要被虚荣迷失了心灵，唯有坦然真诚做自己，并绝不掩饰地对待别人，我们才能得到生命中更多真诚的馈赠。

一直以来，刘敏都过着贫苦的生活，她的爸爸妈妈都是普通的工人，因而他们家庭的社会地位并不高。每次看到周围的邻居家，甚至包括亲戚家，都过得比自己家里好，刘敏心里都很难受，她想改变自己的命运，也想用自己的争气让爸爸妈妈变得扬眉吐气。

高中时期，刘敏始终勤奋刻苦地学习，最终考上了北京的一所高校。毕业后，因为一时没有找到合适的工作，刘敏原本准备打道回府，回到家乡找点事情做，当时恰逢非典，各个单位用人紧缺，她居然阴差阳错地进了清华大学出版社，负责联络市场。这份工作，说得好听点是市场专员，而且是清华大学出版社的，说得具体一些，刘敏就是个联络员，几乎一直在出差，去那些使用出版社教材的大学，和负责的老师见面，请老师吃饭。即便如此，工作后第一年回到家乡，当被亲戚邻居问起在北京做什么的时候，刘敏还是大张旗鼓地四处宣扬："我在清华大学出版社工作，同事都是博士、博士后，各种科学家、专家。"在偏僻的家乡，刘敏一下子就名声大噪，似乎方圆多少里之内只出了她这个名人。后来，有亲戚向刘敏借钱，刘敏当然不能说自己每个月才三四千的工资，只好咬着牙把钱借给了亲戚。就这样，打肿脸充胖子的刘敏，一个春节过完，回到北京的时候就只剩下车票钱了。

刘敏这样的经历还算是好的，毕竟她只是因为四处吹嘘而不得不打肿脸充胖子借钱给亲戚。实际上，虚荣引发的惨剧在现实生活中并不罕见，有些事情堪称情节恶劣。尤其是那些喜欢四处吹嘘自己的人，更容易因为过于张扬而惹火烧身。记住，虚荣的人，也许能够暂时维持自己的面子，但是他们早晚会因为自身的虚荣而与身边的人产生各种各样的冲突，最终变成孤家寡人，甚至一败涂地。

从本质上而言，虚荣的人是欺骗自己在先，因为他们唯有成功欺骗自己，才能理所当然地欺骗他人。但是，世界上没有不透风的墙，一切的虚伪最终会被真相戳穿。作为极度爱面子的特殊群体，虚荣的人还会碍于面子做出得不偿失的事情，导致自己哑巴吃黄连，有苦说不出。既然虚荣的副作用如此之大，我们还有什么必要委屈自己、欺骗他人呢？朋友们，从现在开始，就让我们怀着真诚的心，胸怀坦荡地面对他人和这个世界吧！

当你真的这么做了，也许短期内你会觉得自己丢了面子，但是长期下去，你一定会觉得浑身轻松，因为你已经脱掉了伪装的外衣，开始从容应对人生。

不要活在别人的眼光里

现实生活中，很多人之所以活得特别累，觉得身心俱疲，并非因为命运不善待他们或者故意刁难他们，而只是因为他们的内心过于拘谨地面对生活，仿佛每时每刻都在端着，让自己无法真正地放松和自然。他们很在意他人的眼光，总是希望得到他人的评价和赞美。殊不知，一个人哪怕非常努力，让自己面面俱到，也不可能得到所有人的认可和肯定。毕竟，这个世界上绝没有两片完全相同的叶子，也绝没有两个完全相同的人。每个人都是世界上独一无二的个体，都有着自己的脾气秉性。就像人们常说的，一千个人眼里就有一千个哈姆雷特，同样的道理，一个人哪怕做得再好，也必然受到不同人的不同评价。所以，朋友们，不要像那个邯郸学步的燕国人一样，最终变得连路都不会走了，也不要东施效颦，让自己变得不伦不类，落人以笑柄。

人最大的成功，并不是像谁，哪怕是特别像一个成功的人，也最终会变成他人的影子，不可能有自己的事业。诸如那些帮助明星演戏的替身，虽然在一部戏里出现很多次，而且代替的都是重要的时刻，但是他们始终默默无闻。这一切，都归结于他们演的是别人，而非自己，他们只能以他人的身份出现在戏里，所以始终无法得到旁人的认可。不得不说，这是很可悲的，只能作为一种糊口的方式，而无法成为自己的事业。所以，对于任何人而言，最大的成功就是活成自己，而不是活得失去了自己。

正因为大多数人都活在他人的眼光里，完全迷失了自己，所以，生活中有一种非常奇怪的现象，即如果有人不小心摔跤了，那么他最先想到的不是自己疼不疼，而是自己会不会遭到他人的嘲笑，更担心自己会被他人鄙视和瞧不起。不得不说，这样的心态是很不健康的，完全背弃了以生命为本位的原则，也完全不符合人之常情。

很久以前，有个父亲和他的儿子一起牵着家里的驴去赶集。父亲牵着驴，儿子跟在后面，就这样，父亲、驴和儿子，前后走着。刚走到村口，他们就听到聚集在村口纳凉的人说："这对父子真是傻瓜，看着毛驴不骑，非要自己走，难道不累吗？"父亲觉得这些人的话很有道理，因而和儿子一起骑到毛驴的背上，缓缓地朝前走。

很快，他们走出村庄，来到村子与集市相通的道路上。不承想，有个路人看到他们，指指点点地说："这两个人可真狠心啊，居然一起骑着这头小毛驴，也不怕把小毛驴压死。"父亲一听，心想："哎呀，要是真的把驴压死，还怎么卖呢？"想到这里，父亲赶紧下来，就让儿子单独骑着驴。才走到邻村的村口，几个老人正在抽旱烟，看到他们，说："现在的孩子可真不孝顺，年纪轻轻的就知道享福了，自己骑着毛驴，却让老人跟着走。"父亲听到儿子被人指责，赶紧让儿子下了毛驴，跟在后面走，他自己则骑到毛驴身上。走啊走啊，快出邻村的时候，他们又遇到几个妇女正在择菜。看到孩子跟着走，妇女们叽叽喳喳地说："到底是当爹的，真狠心，让这么小的孩子累得满头大汗，自己却骑着毛驴。"无奈之下，父亲也下了毛驴，父子俩又和之前一样在毛驴的一前一后走着。很快，他们来到集市附近，只要过了河上的小桥，就进入集市了。这时，有个路人说：“哎，你家的毛驴看起来很累了，你们咋不抬着它走呢？反正它还小，也没有多重。”父亲觉得有道理，又想到毛驴马上就要被卖掉了，也该享享福了，于是找了个木棍，又找来些绳子，和儿子一起抬着驴过桥。集市上的人们看到这父子俩居然抬着毛驴走，笑得前仰后合，父子俩一紧张，居然连人带毛驴都掉进河里了。

因为盲目地听别人的话，改来改去，最终父子俩非但没有成功地到达集市卖掉毛驴，反而连人带驴都掉入河里，尴尬极了。原本，他们完全有权利处置自己的毛驴，也有权选择谁骑着毛驴、谁跟着走，或者是一起骑驴还是一起跟着走；但是，他们在不相干的人的议论声中，不停地变来变去，完全失去主心骨，也变得毫无自信。

现实生活中，每人都很在乎他人的眼光，但是必须要明白的道理是，不管我们如何努力，哪怕是随机应变，成为千面夏娃，也不可能赢得所有人的赞许。既然如此，我们还有必要人云亦云地改变自己、迷失自我吗？尤其是在人际交往中，我们更要坚定不移地做好自己，活出真我风采，如此才能最终树立自己的旗帜，拥有与众不同、精彩绝伦的人生。

软磨硬泡也会有意外收获

人是感情动物，这一点，不论时代如何改变，都是亘古不变的。人总是容易感情冲动，当然很多时候也会受到感情的驱使作出决定，甚至改变原本的决定。常言道，精诚所至，金石为开，在与人相处的过程中，我们在遭遇拒绝时，如果能够软磨硬泡，以顽强的“厚脸皮”最终打动他人的心，也许会得到意外的收获。

所谓人心都是肉长的，这句话告诉我们，没有人能够脱离感情而存在于这个世界上。在人际交往中，一时遭遇拒绝没什么，毕竟从陌生到熟悉之间有着漫长的距离，需要我们用耐心、爱心去走过。很多男人在追求心爱的女人时都会有这样的感受，即只要自己不那么让人讨厌，只要自己表现好且能坚持下去，那么，就算是石头捂在怀里，最终也会被焐热的，更何况是感情细腻的女人呢？再看看女人们为何选择现在的爱人一起携手一生吧，真正一见钟情或者因为爱情结婚的也有，但是并不是全部。有很多女人选择终生伴侣，只是因为对方对自己很好，而且能够坚持不懈，看起来值得托付。实际上，所谓的追求就是软磨硬泡，就是用自身的坚持不懈打动女人的心，让女人的心变得非常柔软，直到不忍心拒绝。当然，软磨硬泡不仅表现在对爱情的执着上，生活和工作中的很多方面，其实都可以用到软磨硬泡。诸如在销售行业，如果一旦被客户拒绝就马上退缩，甚至完全放弃自己的推销，不得不说这样的推销员永远也不可能成功。真正成功的推销员，除了具备超强的专业能力和职业素养之外，软磨硬泡的韧性也是不可或缺的。

原一平小时候是人见人怕的小混混，整个村子里的人都对他避之不及，谁也没想到他长大成人之后居然能成为日本的“推销之神”，创造了闻名世界的推销神话。正是因为在村子里声名狼藉，不招人待见，原一平才在二十三岁的时候来到东京。走投无路的他，想要换个地方重新生活，开创属于自己的人生之路，获得自己的精彩人生。十二年之后，三十五岁的原一平成为日本保险界里首屈一指的人物，他这才衣锦还乡。

当然，原一平此次回乡并不仅仅为了炫耀自己如今的成就，让人知道曾经被称为“混世魔王”的他早已不可同日而语，而是想去家乡开展保险业务。然而，他以前的名声实在太坏了，所以根本没有村民相信他，更没有村民愿意从他这里购买保险。原一平很清楚，自己必须得到在村子里德高望重的村长的支持，才能顺利开展业务。如今的村长，正是当年和原一平一起穿着开裆裤长大的小伙伴，最糟糕的是，这个村长小时候还总是被原一平欺负呢！原一平当然知道要想让村长支持他是多么不容易，因而他也做好了心理准备，还准备了丰厚的礼物特意去村长家登门拜访呢！村长一看到原一平，就想起这个混世魔王当年的很多卑劣举动，因而直截了当地拒绝了原一平的邀请，坚决不参加原一平组织的保险知识学习班。原一平毫不气馁，次日再次提着厚礼去村长家登门拜访，村长依然拒绝了他，不过语气没有那么恶劣了。第三天，原一平毫不气馁，又来到村长家里，却被村长家人告知村长去了外村帮亲戚建造房屋。原一平那么聪明，当然知道自己又吃了闭门羹，不过这次他没有回家，而是放下礼物，就去了村长家人所说的那个村长亲戚家，还卷起袖子和村长一起帮助这个亲戚干活。

村长当然没有那么容易相信原一平，又因为要对全村人负责，所以他必须更加慎重。为了找到机会和村长长谈，原一平每天天不亮就来到村子里，站在村长家门前。即便刮风下雨，也风雨无阻。最终，原一平感动了村长。可想而知，攻破了村长这个堡垒，全村的工作开展得非常顺利，堪称水到渠成，原一平自然又开拓了一个保险的市场。由此可见，原一平成为“推销之神”，完全是实至名归，而非浪得虚名。

从原一平的身上，我们不难看出软磨硬泡的作用。当然，这个策略不能滥用，否则就会招人嫌弃。唯有用得恰到好处，才能赢得他人的转变，获得他人的认可，从而达成自己的目的。在使用这个策略的过程中，必须要有足够的耐心，即使被拒绝了也不要气馁，而且要非常真诚，这样才能迎来最终的转机。在软磨硬泡的过程中，还要注意抓住适宜的时机，这样才能达到事半功倍的效果。

当然，使用"软磨硬泡"的方式并非是无限度的，如果我们已经花费了很多时间，而且的确发现对方绝无回转的可能，就不要继续下去，以免让人心生厌烦。此外，如果我们所求之事违背对方的原则，那么也不要继续软磨硬泡，而要尊重对方的选择，全身而退，赢得对方的尊重。总而言之，软磨硬泡并非适用于所有情况，要根据我们自身的情况和现实情况综合考量，灵活运用，才能恰到好处，事半功倍。

第 02 章

厚脸皮不是缺点，用主动开口消除害羞心理

在现代生活的交际中，很多人都会因为各种各样的原因感到不好意思，而偏偏现代社会中人际交往已成为重中之重，每个人都要消除交际的障碍，才能成为社交达人，处处受人欢迎。如果说以前被评价为厚脸皮是做人的失败，那么如今厚脸皮已经不再是贬义词，甚至是拓展社交的必要条件。在社交场合中，千万不要脸皮薄，不好意思与人搭讪或者寒暄，我们唯有勇敢主动地迈出与人交往的第一步，才能顺利展开交际。

足够好意思，从容欣赏自己

通常情况下，人们之所以不敢与他人搭讪，就是因为脸皮薄，也因为不够自信，因而不敢轻易抛出与人交往的橄榄枝。生活中的确有这样极端的两种人，其中一种人总是自以为是，自视甚高，因而不管什么时候都觉得自己是绝对完美的。与他们恰恰相反，另一种人总觉得自己浑身都是缺点，毫无可取之处，因而每时每刻都感到自卑，哪怕是在他擅长的领域，他也依然无法底气十足地面对。不得不说，对于任何人而言，最悲哀的事情就是不了解自己、不信任自己，以致从来不懂得肯定和欣赏自己。这样的人时常因为极度的自卑变得敏感，更会对自己挑剔苛责。就连先天的很多方面，诸如身高、长相、家庭等不能改变或者命中注定的一切的条件，也会引起他们极度的自卑，导致他们对自己信心全无。实际上，一个人唯有相信自己，不因为不好意思而总是妄自菲薄，而是足够好意思，从容欣赏自己，才能更加勇敢地面对人生。

与陌生人交往时，那些自卑胆怯的人，往往很少主动与他人搭讪、展开交流，一则是因为他们比较自卑，害怕被拒绝；二则也是因为他们中大多数都性格内向，处事被动，很少能够积极主动地面对外界。总而言之，都是自卑心惹的祸。所以，朋友们，千万不要盲目自卑，尽管我们不能狂妄自大，但是相比极度的自卑，两害相衡取其轻，宁愿自负一点，也不要一味地怀疑自己、否定自己。自信是人生的风帆，自信的人往往表现出更加积极主动的人生态度，所以在与人交往时也表现出积极的姿态，更加主动，更加从容。

在与陌生人交往时，如果彼此都很尴尬，并陷入冷场之中，不如先从进行自我介绍开始。常言道，一回生两回熟，也许刚开始时我们很难从容地作自我介绍，但是只要我们真正敞开心扉真诚对待他人，从容地与他人搭讪，相信我们此后与人交往就会变得更加顺遂。当然，第一印象是非常重要的，所以我们要慎重地作自我介绍，对于有些经常需要与陌生人打交道的人而言，诸如销售人员，还可以提前准备好一个放之四海而皆准的自我介绍，在需要的时候直接说出来即可。此外，根据交往对象的不同，我们还可以在这个自我介绍的基础上进行适当改良，争取给他人留下最好的印象。

在进行自我介绍时，要注意以下事项：首先，要先介绍自己的名字，这一则表示对他人的尊重，二则他人在知道你的名字之后也可以适当地称呼你。如果你的名字比较有特点，还可以进行生动形象的解释，这样一定会让别人第一时间记住你的名字，并从此记住你这个人。诸如，叫张琦的人可以说自己长得很奇怪，然后再列举自己的与众不同之处，这样别人就会把名字与长相联系在一起，印象深刻。其次，进行自我介绍时，要让自己轻松自然，从而消除对方心中的陌生感和隔阂感。例如，很多人与陌生人交往时总是拒人于千里之外，其实这是完全没有必要的。记住，人与人之间的感受是相互的，当你变得亲切时，对方也会对你亲切。再次，进行自我介绍时一定要真诚谦虚，切勿张扬，否则就会给别人留下自以为是的印象。最后，进行自我介绍时，还要根据现场的情况和交往对象的特殊身份等，及时调整语言，做恰到好处的表达。初次见面的自我介绍一定要言简意赅，先传达出最重要的信息，而不要长篇大论，否则就会给他人留下夸夸其谈的印象。要学习倾听他人的表达，这样既是尊重他人的表现，也有利于我们了解更多关于他人的信息，从而两全其美，让交流恰到好处。

总而言之，与陌生人交往时，一定不要因为不好意思而故意贬低自己，或者不敢和他人打招呼。唯有好意思，足够欣赏自己，我们才能做到不卑不亢，落落大方，使我们与他人的交往更加顺利地进行下去。

敞开心扉，与陌生人畅聊

大多数人在进入一个新的环境中或者不得不面对陌生人时，最担心的问题就是不知道如何打破僵局、让交往顺利进行下去。当然，这是人之常情，甚至有些人会在仓促的情况下与他人初次见面并且交流之后，事后又突然想起自己当时的某句话说得不够好，也不到位，因此感到懊悔。然而，说出去的话如同泼出去的水，很难收回，哪怕我们事后懊悔得恨不得咬掉自己的舌头，也无计可施，只能从中吸取经验和教训，避免下次再犯。但是，这样一来，此前发生的事情已然无法挽回，如果事情不值一提尚且还好，如果是与重要人物的会面，且影响很大，就让人感到很郁闷了。实际上，在与陌生人交往时，即使我们有的时候知道自己即将面对怎样的交往对象，有的时候不知道即将和什么人交往，依然可以做到未雨绸缪。

从心理学的角度而言，每个人在面对陌生人时都会感到紧张，也都希望对方能够先开口打破沉默，让彼此都不至于这么尴尬。因此，如果我们想与人交好，最好的办法就是积极主动地搭讪，以亲切热情的态度打破对方的心理防线，从而使得交往顺利进行下去。人是感性的动物，非常敏感，每个人对于他人的态度都是有感觉的。所以，哪怕是面对陌生人，我们也要敞开心扉，以足够的真诚面对他人，这样才能得到他人同样的真诚对待。

作为一家外企的人力资源经理，笑笑又迎接了一批新员工的到来。然而，让笑笑感到非常惊讶的是，曾经由她亲自进行复试进入公司的这些人，在面试过程中都侃侃而谈，对于她的各种提问都对答如流，如今真的走上工作岗位，其中有很多人却根本不善言辞，真可谓原形毕露。诸如即将在前台工作的娅菲，当初自信满满，对答如流，现在即便是招待一位客人，也满脸通红，特别害羞。还有策划部的张凯，每次部门开策划会议，才华横溢的张凯都有如茶壶里煮饺子，根本说不出来任何话，只能把自己的好创意以策划案的方式提交上来，却不能在策划会议上进行恰到好处的陈述。对于这一批闷葫芦，各个部门的领导都很不满，纷纷向笑笑反映人员情况，笑笑也很郁闷，难道这些人都有两面性？

为此，笑笑专门召开了新人会议，以了解他们对公司的各种感受，询问他们对于工作的适应情况。在经过一番攀谈后，气氛渐渐变得轻松，笑笑这才问：“我其实有个问题特别想请教大家，希望大家知无不言，言无不尽吧。为何大家在面试的时候都表现得很乐观开朗也很健谈，但是在走上工作岗位之后反而变得沉默寡言，不善于沟通了呢？”在笑笑的鼓励下，大家开始议论纷纷，有人说自己不习惯和陌生人打交道，有人说自己不知道怎样才能融入集体生活之中，也有人觉得自己只适合回答应试的问题，而不知道怎样才能与他人轻松地交谈。最终，笑笑得出结论，即这些人都患有语言怯生综合征，即面对陌生人就会紧张，结结巴巴，甚至宁愿闭上嘴巴，绝不轻易开口。

实际上，很多人在与陌生人交往时，都会表现出语言怯生综合征。之所以出现这种症状，主要是因为人们都有畏惧的心理，既害怕陌生人，也害怕自己的表现不够好，搭讪被拒绝。如此一来，必然导致与陌生人的交往陷入窘境，也会影响人际关系的发展。为了更好地与陌生人交往，我们可以未雨绸缪，提前做好准备。当然，与人交往，尤其是和陌生人打交道，也是有一定的方式方法可以采用，也是有章可循的。首先，开门见山法。很多人面对陌生人或者置身于陌生的环境中时，往往迫不及待地想要逃跑，不想面对。其实，只要硬着头皮上，一回生二回熟，总是能够变得熟悉起来。不过需要注意的是，表达方式要柔和，不要过于突兀。尤其是最开始的时候，最好说些客套的话，让人感到心里舒服，奠定良好的交往基础。其次，还可以采取试探的方式。诸如职场新人刚进入公司的时候人生地不熟，一定觉得很难受。在这种情况下，不如采取请教的方式，虚心向老同事学习，人都有好为人师的本性，这样一来，老同事也一定会乐于回答我们的问题，从而与我们变得熟悉起来。最后，为了与他人顺利交往，有心人还会察言观色，诸如观察对方的习惯爱好等，从而有的放矢地打开他人心扉，与他人建立良好的关系。

对于人际交往，有很多朋友存在误区，总觉得真诚的关系无须过多地客套。殊不知，培根曾经说过，在交际艺术中，恰到好处的利益和得体有分寸的客套，是促进交往的至关重要的因素。所以，真正的社交达人从来不会把礼貌不当一回事，礼貌不但能表现出我们的涵养和分寸，也能为交往奠定良好的基础，使得交往更加顺利。所谓的场面话，其实也不难说，诸如我们可以赞美他人，及时对他人的话作出回应，在某些特定场合，还可以说些符合现场情况的客套话，从而让大家面子上都好看。也许，在客套的过程中，一来二往，一切就都变得水到渠成，人与人之间也会更加熟悉亲切。常言道，会说说得人笑，不会说说得人跳，当我们成为三言两语就能打动人心的社交高手后，我们一定会有更多的朋友，也会拥有良好的人脉关系。

虚心求教，是赞美他人的最好方式之一

人的本心是趋利避害，现实生活中，大多数人都希望得到他人的赞美，而不愿意听逆耳的忠言，更不愿意被他人批评和指责。这是人之常情，哪怕是小小的孩子也喜欢听到赞美，所以如今才提倡赏识教育，反对过分批评孩子，以避免挫败孩子的自信心。对于成人而言，除了本性喜欢听到赞美之外，更因为面子问题，使得没有人愿意被批评。那么，在和陌生人交往的时候，我们要怎样赞美，才能达到预期的效果呢？如果在不了解陌生人或者与陌生人还没有成功搭讪的情况下就进行赞美，显然有故意拍马屁套近乎的嫌疑，非但无法达到预期的效果，反而会令他人心怀警惕，这当然不是最好的方式。

实际上，对于陌生人，最好的赞美方式之一是不露痕迹地请教。人非圣贤，谁也不可能对于所有事情都面面俱到，在这种情况下，与其突兀地赞美他人，不如找到更合适的方式，既能与他人套近乎，又能让我们的赞

美不露痕迹，从而让一切都更加水到渠成，取得良好的效果。

作为初入公司的新人，小雅显然对于推销化妆品没有丝毫经验。因此，她进入公司一个多月都没有任何销售业绩，每天只能拎着化妆品疲于奔波。有一天，小雅又拎着化妆品来到小区广场上，很快她的展位旁就有人围观，不过，虽然询问的人很多，但并没有真正购买的人。在领取样品之后，大家都散去了，唯有一位女士还在一旁观看各种化妆品说明，小雅暗暗激动起来：这位女士不会就是我正式成交的第一个客户吧，小雅想和女士搭讪，但是又怕被拒绝，因而一直犹豫不定，欲言又止。突然，她看到女士的皮肤白皙水嫩，因而灵机一动说："这位女士，请问您是如何保养皮肤的？我觉得您的皮肤真好，看起来吹弹可破，就像婴儿的皮肤一样水嫩呢！"小雅话音刚落，女士就笑起来，看起来很得意的样子。随后，女士开始滔滔不绝地诉说自己的美容心经，小雅成为最好的听众，一直全神贯注地倾听，还时不时地点头表示认可。

女士讲完之后，问小雅："你这里有纯植物的护肤品吗？你也知道，我的皮肤很嫩，所以我一般不用化学产品，那个比较劣质，虽然价格便宜，但是我认为女人首先要搞好面子工程。"小雅连声表示认可，然后拿出一系列高端护肤品，说："女士，您对护肤品要求高，讲究质量，我觉得这套产品最适合像您这样识货的人。这套产品我一般都不展示出来，因为价格比较高，而且很多人欣赏不了它。现在，请您伸出手背，让我给您试用一下，我保证您会感到满意的。"就这样，小雅开始为那位女士试用化妆品，后来女士询问化妆品的价格，小雅说："这套化妆品要1998元。不过如果您经常用那些进口的化妆品就会知道，其实，相对于进口化妆品，这套化妆品还是很便宜的。这是因为我们品牌正在推广阶段，提供给您的绝对是好东西，价格只相当于进口化妆品的几分之一。您对于化妆品这么有研究，相信您一定不会错过如此高品质的好东东。”虽然女士觉得价格有些贵了，但是小雅的一番话又说得她心花怒放。最终，她以小雅所说的折扣价买下化妆品，高兴地离开了，还说要给小雅介绍其他的客户呢！

小雅能成功推销出去第一套化妆品，完全是因为她能够抓住机会向那位女士请教护肤的秘诀，从而使得那位女士谈兴大发，从对化妆品感兴趣，到欲罢不能，又被小雅一番吹捧，最终心甘情愿地掏钱买下这套化妆品，满足了自己的虚荣心，也令自己与小雅对她的各种夸赞保持一致。

虚心求教他人，不但可以使赞美显得更真诚、更具有价值，而且能够让对方放松戒备心理，不至于觉得你是在对他阿谀奉承。人人都希望实现自身的价值，让自己被人需要，被求教恰恰满足了人们的这种心理，使人好为人师，不吝赐教。此外，求教他人，也使他人受到鼓励，更愿意慷慨大方地与你分享。在职场上，有很多情商很高的上司，也会在适当的时机下向下属请教，从而赞美下属，让下属如同打了鸡血一样努力工作，绝不叫苦叫累。在教育孩子的过程中，有的父母也会请教孩子，从而激发孩子的学习兴趣，让孩子实现自主学习。总而言之，请教式赞美适用于很多场合，且能够成功征服大多数人，我们要想与陌生人搞好关系，顺利搭讪，完全可以使用请教式赞美的方式，从而让交往水到渠成。

热情地寒暄，与不好意思说再见

人们常说，三个女人一台戏。实际上，三个女人要想唱戏，也必须是在时机成熟的情况下，否则，大家都面面相觑，因为陌生，谁也不愿意主动开口搭讪，那么三个女人完全有可能变成沉默的代名词，甚至不知所措，尴尬难堪。在很多陌生的环境里，人们都不愿意主动开口打破沉默，一则是因为害怕被拒绝，说出来的话没人接茬；二则也是因为自尊心作怪，谁都想矜持一下。在这种情况下，一味地沉默当然是不可行的，唯有积极主动地打破沉默，才能打破僵局，让大家尽快变得熟悉起来，进而谈笑风生。所以，当别人都不愿意说话时，我们不如主动一点，最坏的情况就是被拒绝，那也比这样大家互相不搭理要好过一些。而且，只要我们非常真诚，带着热情与他人寒暄，他人也很少会拒绝我们，或者对于我们的真诚表现得无动于衷。所以，朋友们，我们要变得勇敢起来，更加富有热情，这样才能打开人与人之间冷漠的坚冰，为自己营造良好的人际交往环境。

需要注意的是，人是情绪动物，很容易受到他人的情绪感染，所以，在与陌生人搭讪时，我们从一开始就要营造良好的交往氛围，切勿使人觉得不愉快。例如，你在火车上邂逅了一个人，对于漫长而又枯燥的火车旅行，你也许会说："嗨，这段旅程真是漫长而又枯燥，使人觉得难以忍受，对吧？"对方也许只会点点头，淡淡地说："是的，的确很难熬。"接下来，不管你说什么，对方都只是敷衍了事，不愿意与你深入交谈。那么，问题到底出在哪里呢？就是因为你完全忘记了，对于对方而言，你也是他旅行中的一个因素，既然连你都觉得一切枯燥乏味，他当然也提不起兴致与你交流。你不妨换一种说法，在看到窗外的美景时"大惊小怪"地喊道："哎呀，外面湖水里的是不是天鹅？可真美丽啊，我从未见过天鹅，这次可一饱眼福了，你见过天鹅吗？"如果对方也没有见过天鹅，那么一定和你一样大惊小怪，显得非常高兴和欣喜；如果对方见过天鹅，也许会兴致盎然地和你分享此前的美妙经历，可想而知，你们之间愉快的交谈即将开始。在与陌生人交谈时，相信每个人都不想不快乐地度过交谈的时光，所以，我们要找些快乐的话题展开交流，从而勾起对方的谈兴，让交谈更顺利，也兴趣盎然。

那么，怎样的语言才是积极热情的，能够勾起对方的谈兴，使对方打开话匣子、欲罢不能呢？首先，要找到快乐的话题，如果提前了解了对方的一些相关情况，也可以说些对方感兴趣的话题。这样交谈才不会冷场，对方才能饶有兴致地与你继续交谈。其次，一定要表现出足够的真诚。没有任何人愿意面对虚伪的人，在这种情况下，我们一定要真诚，表现出发自内心的热情，这样才能让对方感受到我们的积极热情，对方才能敞开心扉与我们积极交流。此外，前文说过，人都是趋利避害的，都喜欢听到赞美的话，而不愿意被批评和否定。所以，在与陌生人交流时，我们即使看到对方有不足，在不了解对方之前，在第一次交往中，也不要急于挑剔和苛责，而要多多赞美对方看得见的优点，这样才能使对方乐于与我们交流，不至于因为听到逆耳忠言而再也不想与我们交谈。

简言之，与陌生人说话时，我们要更加谨慎，因为彼此缺乏了解，所以要先从快乐的话题开始。只有成为知心的好朋友或者闺密或者铁哥们儿，我们才能在讲究方式方法的情况下与他人敞开心扉，知无不言、言无不尽。但是要注意，哪怕是关系非常亲密的人，也要讲究交流的方式和效果，不要因为口无遮拦而导致事与愿违。

主动打招呼，才能赢得更多朋友

现实生活中，熟悉的人聚在一起，难免要点头哈腰地打招呼，为此，中国传统的“吃了吗”这种打招呼的方式也没少闹笑话，很多人不分时间场合地问他人“吃了吗”，完全忘记了这种传统的搭讪方式只是老邻居之间使用的。随着社会的不断发展，各种思想文化交融碰撞，打招呼的方式当然也更加丰富多彩。因为生活半径无限扩大，我们需要打招呼的再也不仅仅局限于邻居或者熟悉的人，尤其是在职场上，我们经常需要与陌生的客户打交道；而从事推销行业的人，经常要进行陌生拜访，开展各种形式的拓客活动。这样一来，打招呼当然会影响我们生活的方方面面，甚至会影响我们的工作和人际关系。

毋庸置疑，和不善于打招呼的人相比，唯有主动打招呼，我们才能赢得更多的朋友，才能在需要的情况下获得朋友的鼎力相助。虽然很多人都觉得打招呼不是一件很难的事情，但是和陌生人打招呼完全不同于和熟悉的人打招呼。从礼貌的角度来讲，打招呼是一种问候，也代表着礼貌，更表达了我们对他人的热情。但是，人是有惰性的，很多时候，我们遇到陌生人或者是很久未见面的不太熟悉的人，往往不好意思直接和他们打招呼，一则害怕不那么熟悉的人已经完全把我们忘记了，认不出我们，二则也害怕陌生人不与我们搭茬，那样我们就会陷入尴尬之中。实际上，最坏的情况无非就是别人看着我们，对于我们的招呼毫无反应，我们并不会损失什么。但是如果我们因为打招呼认识新的朋友，甚至与新朋友相处很好，那么我们就赚大发了。人生之中，谁也不知道会遇到什么事情，需要得到哪些人的帮助，总而言之，多认识几个人是没有坏处的，尤其是现代社会，人际关系被提升到前所未有的高度，人脉资源也已经成为最重要的资源之一。

很多时候，看似不经意的打招呼，只要坚持下去，就会在他人心中留下美好而又深刻的印象。正如《塔木德》里所说，一个人不管是对于上帝还是对待朋友，抑或对待敌人，都应该保持热情。我们如果能够充满善意和热情地对待他人，最终一定会赢得他人的真心，从而使自己的人际交往更加顺遂如意。

史佩拉传教士是犹太人，每天都在乡间小道上散步，他很喜欢散步，有的时候整个黄昏都在田野里度过。不管遇到谁，他都会非常热情地和他们打招呼，还真诚友善地向他们问好。每天，史佩拉都会遇到一个农夫。这个农夫名叫米勒，看起来很冷漠。米勒的家和田地都在小镇边缘，所以每次史佩拉散步到小镇边缘时，都会看到米勒正在田地里辛苦地劳作。尽管米勒有的时候并不回应史佩拉，史佩拉依然一如既往地和他打招呼："下午好，米勒先生。"最初的时候，米勒甚至根本不理睬史佩拉，他一看到史佩拉就扭过身体，如同一块又臭又硬冥顽不化的石头一样，拒绝接受史佩拉的友好。在这个小镇里，居民们都不喜欢犹太人，当然米勒也不会和一个犹太人做朋友。不过，这一切都没有改变史佩拉的决心，日复一日，他总是带着温暖的笑容和米勒打招呼。也许是史佩拉的真诚感动了米勒，使他再也不好意思直接拒绝史佩拉，最终有一天，米勒居然在史佩拉打招呼之后，摘掉帽子，和史佩拉挥手示意，而且笑了起来。从此之后很多年，每天黄昏散步时，不是朋友的史佩拉和米勒，都相互问好。后来纳粹党上台执政，开始屠杀犹太人。

一天，全村的犹太人都被集合到一起，送到集中营里关押起来。史佩拉被关在位于奥斯维辛的集中营里，从火车上下来，他和其他犹太人排着长长的队伍，等候处置。虽然史佩拉在队伍的末尾，但他依然能够看到队首有一位军官正拿着指挥棒不停地分流队伍，有的犹太人往左，是要被处死的，有的犹太人往右，要被发配到集中营，也许还能得到一线生机。史佩拉非常紧张，随着距离指挥官越来越近，他觉得自己的心似乎都要跳出来了。他不知道自己的命运如何，更不知道自己是往左还是往右。最终，他被喊到名字，突然之间，他看到站在眼前的军官就是米勒。这时，米勒军官也看到了史佩拉，史佩拉急中生智佯装平静地对米勒说："下午好，米勒先生。"米勒先生原本面无表情，在听到史佩拉的小声打招呼后，他的脸突然抽动了几下，随后冷漠地说："下午好，西蒙先生！"说完，米勒举起指挥棒指着右边，喊道："右！"史佩拉得到了生还的机会。

原本，米勒和史佩拉之间只是小小的交集，即在史佩拉近乎固执的友好下，米勒最终接受了史佩拉，每天都和史佩拉相互问好。正因为此，史佩拉最后才以日常的问候救了自己一命，获得了生机。由此可见，不管面对什么人，只要我们坚持友好与热情，最终就能够如愿以偿地得到对方同样的回应。对于每个人而言，打招呼的确不是为难的事情，只要坚持下去，就能给我们的生命带来美好的际遇。

尤其是与陌生人之间，经常打招呼还能够消除陌生感，从而拉近人与人之间的距离。倘若你记性很好，能够记住他人的名字，以呼喊他人的名字与他人打招呼，那么他人一定会对你心生好感，同时也牢牢地记住你。

第03章

厚着脸皮自我推销，说出来别人才知道你的好

人们常说，是金子总会发光的，酒香不怕巷子深。的确，在信息流转速度慢、一切都慢好几拍的时代，也许要靠口口相传，才能建立口碑，赢得客户的认可。然而，现代社会信息传播速度很快，尤其是各种营销战略的发展，使得推销已经成为各行各业都必须面临的局面。如果不懂得推销，那么酒香也怕巷子深，就算是千里马，也未必有机会得到伯乐的赏识。所以，朋友们，不要再盲目低调，而要学会自我推销，把自己展示出去，如此才能为人所知。

王婆卖瓜，就要自卖自夸

常言道，王婆卖瓜，自卖自夸，这句话原本带有一定的贬义，意思是说人们总是自我吹嘘，而不知道天高地厚。然而放在现代社会，自我推销已经成为每个人都必须面对的问题，如果一个人不善于自我推销，轻则找不到合适的工作，重则找不到人生的伴侣，总而言之，自我推销对生活和工作都会起到作用和产生影响，我们必须正视自我推销的重要作用，才能恰到好处地自我推销，才能让自己走入众人的视野，获得更加美好的未来。

现代社会发展日新月异，社会里充斥着各种各样的人，人才济济，导致竞争也越来越激烈。要想从诸多才华横溢的人里脱颖而出，并非一件简单容易的事情，作为个体的我们必须慎重对待竞争，并更加重视自我推销，才能让自己出类拔萃，赢得众人瞩目。毋庸置疑，每个人都想获得成功，更希望人生能够如同夜明珠一样璀璨夺目。既然如此，我们就要打造更加强大的自己，让自己如同磁铁一样极富吸引力，这样才能让众人簇拥在我们身边，拥护我们，让我们成为小宇宙的核心。

很久以前，有一匹千里马又瘦又小，看起来甚至不如普通的马强壮。混迹在那些普通的马匹中，它丝毫不起眼，就连主人也从不知道它天赋异禀，能够奔袭千里。这匹千里马当然知道自己有独特之处，但是既然主人从不珍惜它，也不对它另眼相看，它也就懒得表现自己。它相信，总有一天它会遇到伯乐，从此之后出人头地。

有一天，伯乐果真来到千里马面前。不过，伯乐并没有表现出欣喜若狂的样子，而只是面色平静地拍了拍马的后背，让马跑起来给他看一看。千里马心中对这个伯乐不屑一顾，它暗暗想道：如果是真正的伯乐，一定会一眼就发现我的与众不同，一定会欣喜若狂，对我视如珍宝，怎么可能还让我亲自跑一跑给他看呢？只怕这个伯乐也是个冒牌货，为此，千里马骄傲地站在那里，纹丝不动。殊不知，伯乐时间有限，根本没有多作停留，就失望地走了。很多年过去，千里马老了，但是再也没有任何伯乐来到它的面前。主人看到它毫无用处，每天却要吃草料，就把它杀了。临死之前，可怜的千里马依然在哀叹自己的命运，感慨自己有才华却不为人识得。

不得不说，这匹千里马一生之中怀才不遇，实在是凄惨至极，最终居然被当成无用的废物杀掉，让人可悲可叹。然而，造成这一切的原因并非是命运的不公平，而是千里马自以为是，不愿意把自己的奔跑能力展示给伯乐看，最终与伯乐失之交臂，也错过了自己原本应该辉煌的一生。

不管是千里马还是人，都应该学会展示自己，千万不要骄傲，总是以怀才不遇自居。任何时候，千里马常有，伯乐不常有。尤其现代社会更是人才辈出，如果说几十年前大学生还有很大的含金量，那么现在的大学文凭甚至连敲门砖都谈不上。在这种情况下，要想为自己找一份好工作，要想让自己得到异性的欣赏和认可，我们就要努力表现自己，想尽办法推销自己。尝试过了，哪怕失败也了无遗憾，如果像案例中的千里马一样一辈子都默默无闻，岂不悲哀？尤其是现代职场，再也不适合兢兢业业、埋头苦干的老黄牛，一个人要想赢得好的发展，不但要有实力，更要会汇报工作。所谓汇报工作，正是把自己在工作上的表现和收获告诉领导，从而得到领导的赏识，让自己从诸多同事中脱颖而出。记住，每个人都是这个世界上独一无二的存在，任何时候都不要妄自菲薄。我们唯有客观公正地评价自己，把自己推销出去，才能登上更大的舞台，从而最大限度地表现自己，成就自己。

学会把自己推销出去

每个人都有表现欲，就算是几岁的孩子，在学会某项小小的技能之后，也会迫不及待地把自己掌握的展现出来，给父母看，给家人看，给朋友看。也许以前人们不太喜欢爱表现的人，总觉得他们风头太盛，不知天高地厚。现代社会，不爱出风头的人哪怕做了很多，也不为人知，反而是爱出风头、爱表现的人，更容易把自己推销出去，得到同事的认可、领导的赏识，也为自己争取到更多的机会表现，成就自我。实践告诉我们，积极表现是一种极强的动力，能够促使人们不断奋进，不断提升和完善自我。一个人只有拥有表现欲，才会想尽办法为自己争取更多的机会，从而越来越接近成功。

现实生活中，朋友们，如果你们还以为爱出风头爱表现是不好的品质，是博取眼球的卑劣手段，那么你们就落伍了。不要对表现欲怀有偏见，只有多多表现自己，让他人认识我们，我们才能为人所知，并增强自己的名气。这样，在恰当的时候，机会说不定就不期而至，带给我们意外的惊喜。反之，一个人哪怕能力再强，如果做的始终是幕后的工作，默默无闻，且不为人知，那么最终也会被埋没。所谓长江后浪推前浪，江山代有才人出，现代社会人才更多，每年都有无数的大学生从学校毕业，涌入社会，唯有不断提升自我，让自己拥有更多的资历和资本，才能站稳脚跟，为自己赢得一席之地。

有一家知名企业招聘员工，很多毕业生都闻讯赶来参加应聘，还有一些经验丰富、有证书的人，也来应聘。经过层层把关和选拔之后，一百多名应聘者只剩下二十个，公司最终将会从这二十个里留下十个，成为公司千挑万选的人才。最后一轮面试，将由总经理亲自主持，面试的形势必然非常严峻。

总经理带着面试的材料走进面试的大会议室，数来数去，发现屋子里居然坐着二十一个人，因而他当即严肃地问："你们之中，谁是陪同面试的？怎么多了一个人？"总经理话音刚落，坐在角落里的一个中年男子就站起来，说："总经理，我是计划外的。是这样的，我在第一轮面试中被淘汰了，不过我想参加最后这场面试。"听到这个中年男子的话，总经理不由得笑起来，其他的面试者也掩嘴窃笑。总经理纳闷地问："既然你第一轮就被淘汰了，为何还要参加最后这轮面试呢？要知道，这轮面试可比第一轮残酷多了。"中年男子说："因为我经验丰富，我想我可以试一试，也很有可能成功。我已经工作十六年了，而且在十二家公司从业过，我还有行业的中级职称，是参加全国的资格考试才获得的……"经理饶有兴致地看着他，说："你的经验的确丰富，但是你十六年间跳槽十二家公司，恕我直言，我们公司真的不欢迎如此频繁跳槽者。"中年男子突然说："总经理先生，坦白说，不是我愿意跳槽，而是那十二家公司先后倒闭。"有个面试者情不自禁地说："天啊，还有比你更倒霉的吗？你居然去了十二家公司都遇到破产和倒闭，我看我们可以称你为终结者了！"中年男子说："不，我才不倒霉呢！我今年只有三十八岁，但是我经验丰富，这是任何人都无法与我媲美的。相信我，我曾经连续十二次和公司的领导同事一起挽救公司，尽管我们失败了，但是我学到的经验是任何东西都比不上的。”这时，负责看守会议室的老头也情不自禁地问：“你都学到了什么呢？”中年男子离开座位，说：“成功的经验总是相似，失败的经验却各有不同。就像在座的二十位面试者都不知道您才是真正的考官一样，我却有火眼金睛，一眼就看出来了。”中年男子话音刚落，在场的人全都哗然，老头却哈哈大笑起来，说：“好吧，你被聘用了，但是我有个要求，你必须马上告诉我你是从哪里看出破绽的。我一直认为自己极具表演天赋啊！”

正是因为中年男子勇于推销自己，即使在第一轮面试就惨遭淘汰也决不放弃，他才能在第四轮面试中扭转局势，最终令总经理当场拍板，成为公司这轮招聘中的第一名新人。如此戏剧化的转变，如此一波三折的自我推销，换作别人也许早就放弃了，但是中年男子没有气馁，而是坚持不懈。我们无须关心他是怎样看出看守会议室的老头才是真正的总经理的，我们只须学习他坚韧不拔地推销自己的韧性。

和很多其他的才华一样，推销也是一种才华。绘画者要画出带有自身风格的画作才能得到他人的认可和赞赏，而推销者面对的工作对象显然更加复杂，人是这个世界上最难以搞定的。所以有人说，一个人如果能把自己推销出去，那么就能从事大多数工作。的确，不管你是从事普通的工作，还是从事推销工作，你都要得到形形色色的人的认可。所以自我推销永远是排在第一位的，不可取代。一个人即便能力再强，也不能茶壶里煮饺子，没有机会展示，必须想尽办法让自己成功亮相，尤其是要主动出击、赢得他人的赞许，才能成功推销，让自己获得更多的机会、更大的人生舞台。

会贴金，才能增加自己的筹码

通常情况下，人们求人办事时，态度往往非常谦恭，而且会把自己说得可怜兮兮，从而尽量争取得到他人的同情和怜悯，也使自己的请求得以满足。然而，对于身居高位的人而言，每天不知道要见识多少这样的可怜虫，因而也就见怪不怪了。就连审美都会疲劳，更何况可怜虫的形象并不使人愉悦呢？从另一个角度而言，这个世界上没有永远的敌人，只有永远的利益，所以，与其为了求人办事而苦苦哀求，不如向他人展示我们自身的实力，甚至可以给自己的脸上贴金，从而使他人意识到，帮助我们并非是白帮忙，我们终有一日会回报他们，或是在事成的时候就会与他们分享利益。这样一来，他人当然会怦然心动，也不会对我们心生嫌恶。

世界上没有免费的午餐，天上从来不会掉馅饼。一个人也许会偶尔无条件地付出，但是绝不会对任何事情都不计较得失。做事情时不拘一格，一反常态地增加自己的筹码，能够让我们一改在对方面前卑躬屈膝的样子，从而壮大自己的气势，让自己与对方平起平坐。在展开交流之后，我们还可以使用各种巧妙的手段抬高自己的身份和地位，这样一来，对方从自身的角度出发，也会意识到多个朋友多条路，尤其是对于与实力相当、值得交往的人，他们会变得更加积极热情。

人际交往，原本就是虚虚实实的，正如古人所说，知己知彼，百战不殆。大多数聪明人都不会把自己的底牌亮给他人，也不会一味地诉苦以赢得他人的可怜和施舍。唯有与对方实力相当，让对方更重视我们，更愿意与我们合作，我们的胜算才会更大一些。所以，朋友们，除了要待人真诚坦率之外，我们也要适当矫饰，给自己的脸上贴金，如此才能在对方心中造成我们的实力很强大的假象，从我们追着对方帮忙或者合作，到对方心甘情愿地与我们走得越来越近，效果当然不同。

在北京漂了几年之后，小雅决定和老公开公司，这样才能有出头之日，否则永远给别人打工，永远只能解决温饱，连想都不敢想有朝一日能在高房价的北京买得起房子。小雅是个急脾气，说干就干，当即就租了店面，用仅剩的一些钱买了一辆车办公用。因为是二手房经纪公司，而且小雅和老公杜宇对于业务都轻车熟路，所以他们很快就干起来了。公司是挂靠在之前一个朋友的公司名下的，那个朋友专门做别墅，因而没有门店，公司开在写字楼里，这直接导致小雅的公司看起来丝毫没有名气，也不像其他的二手房门店那样随处可见。

开业不久，业务熟练的小雅就迎来了第一单生意。然而，客户有些犹豫，虽然看中了房子，却迟迟不肯签约，就怕公司小，在交易过程中遇到风险。小雅为了打消客户的疑虑，去公司总部拿来上个月刚刚签订的别墅交易合同给客户看，而且底气十足地对客户说："我们公司虽然不像大多数二手房门店那样到处都有，但是我们的总部是专卖别墅的。您看吧，这是公司上个月签订的别墅合同，这套别墅两千多万，总价相当于咱们普通住宅的八倍之多。别墅的客户都是人精，都是在生意场上摸爬滚打的，但是对于我们的合同无可挑剔，他们都如此放心地托付，您也放心吧。这个合同，都是我们公司法务部的律师专门看过的。而且，我们公司总部的房子是买下来的，不像其他公司那样是租的。房子跑不掉，有问题您尽管来找我。"就这样，小雅拿出有效的证据，最终打消了客户的疑虑，让客户高高兴兴地买了房子。

不得不说，小雅拿出别墅客户成交的合同给这个心存疑虑的客户看，是在为自己的脸上贴金，增加自己的筹码。她告诉客户公司总部的房子是老板的私有产权，也是在说自己公司的优势，给客户吃定心丸。显而易见，小雅的举动效果很好，很快就打消了客户的疑虑，让客户顺利签约。

求人办事，有的时候我们要降低身份，抬高他人，这当然也是一种策略。但是，这种策略只适合以情动人的私人交情，而不适合按规矩办事的生意场。在生意场上，彼此间的信任是最重要的，唯有给人以值得托付的感觉，我们才能够得到他人的托付和信任。所以这种情况下千万不要盲目贬低自己，更不要把自己说得一无是处。所谓无利不起早，商场上的每个人都希望赚取利润，纯粹的雷锋是不存在的。诸如很多富豪和明星特别喜欢做慈善，一则是他们有钱，愿意回馈社会；二则是他们也要通过做慈善来建立自己的公益形象，从而增加自己的人气，让自己拥有更多的支持者和粉丝，这样一来，他们的未来才会得到更好的发展，从而令自己的人生更加顺利。不过凡事皆有度，哪怕是给自己的脸上贴金，也要适度，而不要毫无原则和限度地一味吹嘘。否则，气球吹得太大会破，牛皮吹得太大同样会破，自找难看就不好了。

四两拨千斤，才能玩得转

现代社会，很多人都喜欢玩彩票，因为他们梦想着有朝一日能够以小博大，获得千万大奖。这样的侥幸心理，其实和赌博没什么区别，大多数在输得很惨的情况下依然义无反顾进入赌场的人，都是那些亡命赌徒，都想着翻回本金，让自己从此之后成为大富翁。这其实无可厚非，因为人人都想不劳而获，都想以小博大，包括那些做生意的人，也都是想以最小的付出获取最大的利润。但是实际上，如今的任何收益和风险都是成正比的，唯有用心巧妙，才能四两拨千斤，在人生中获得更多收获。

关注娱乐圈的朋友们都知道，现在娱乐圈很多明星都特别喜欢炒作，诸如恋爱分手、怀孕生子等传闻，都可以变成炒作的资本，还有的人居然以所谓的婚外情作为炒作。我们固然可以理解他们为了出名的心，却不得不为他们这种夸张的、毫无原则和限度的炒作方式深感遗憾。当然，炒作只要适度，也有效果显著的。作为普通人，假如我们能够巧妙运用炒作提升自己的地位，凸显自己的价值，那么就能够距离成功更近，更容易获得成功。

战国时期，齐国的湣王没有主见，总是喜欢听信谣传。有段时间，他认为孟尝君的威信太高，风头甚至盖过了他，所以对孟尝君心怀忌惮，生怕孟尝君有朝一日抢了他的位置。为此，他罢免了孟尝君的职位。得知这个消息后，孟尝君的门客们纷纷请辞，只有冯谖还留在孟尝君门下。冯谖主动请缨，要求孟尝君派他出使魏国，而且保证要让孟尝君官复原位。为此，孟尝君准备了厚礼给冯谖，让他带着礼物出使魏国。

来到魏国之后，冯谖对梁惠王说："齐国魏国一向势不两立，都想称霸天下，所以天下的有才之士来到魏国的，都是想强大魏国而削弱齐国，去齐国的都是想强大齐国而削弱魏国。"梁惠王觉得冯谖说得有道理，因而问道："魏国如何才能称霸呢？"冯谖避而不答，继续问道："大王听说齐王罢免了孟尝君的职位吗？"梁惠王点点头，冯谖说："孟尝君在齐国影响力很大，如今齐王却因听信谣言，罢免了孟尝君，导致孟尝君心中怨恨。如果您能借此机会让孟尝君为魏国效劳，魏国自然可以称雄称霸。我建议大王您赶快带着礼物去拜访孟尝君，否则，一旦齐王再次重用孟尝君，魏国和齐国又会实力相当，不分胜负。"梁惠王当即派人带着厚礼去齐国拜访孟尝君，却不知冯谖此时已经先赶回齐国，对齐王说了同样的话。冯谖还告诉齐王，他得到消息，魏王已经派人带着厚礼前来迎聘孟尝君，而孟尝君作为齐国人高风亮节，当然不愿意为魏国出力。最后，他建议齐王马上恢复孟尝君的职务，而且赏赐给孟尝君更多的封邑，恰逢此时魏王派的人来到了齐国，齐王当机立断，采纳了冯谖的建议。

在这个案例中，冯谖完全是凭着三寸不烂之舌，先是游说魏王，随后又去齐国通风报信，造成了齐国和魏国都想重用孟尝君的假象。毫无疑问，冯谖非常聪明，运用了现代的“炒作”策略，最终让孟尝君成功地官复原职，还得到了更多的封邑。很多东西，原本并不引人注目，一旦变得炙手可热，价格也必然成倍增长。诸如最近几年，在“算你狠”“逗你玩”等现象中，大蒜和绿豆的价格都曾一路飙升，翻到几倍之高，这其中也有炒作的功劳。

现代社会，人才济济，我们要想从众多人才中脱颖而出，就要学会利用炒作的方式抬高自己的身价。炒作的效果立竿见影，也不需要付出太大的代价，可谓是卓有成效。当然，凡事皆有度，任何事情一旦过度，就会导致事与愿违。我们要想通过炒作抬高自己，就必须把握适当的度，从而达到四两拨千斤、事半功倍的良好效果。

让自己成为不可缺少的重要人物

为了让他人更加重视我们，我们可以利用抬高自己的身价、给自己的脸上贴金等方式，这些都是很好的抬高身价的方式。除此之外，我们还可以营造“物以稀为贵”的氛围。人们在形容他人对自己根本不重要的时候，总是说“地球离开你照转”，因此我们不妨反其道而行，营造“地球离开我就不转”的效应，从而让他人更重视我们，并真正离不开我们。

自古以来，人们都知道物以稀为贵的道理，诸如新鲜事物刚刚问世的时候总是价格很高，但是一旦流行开来，生产者和消费者都变多了，价格也就渐渐回落，降至大众容易接受的程度。尤其是当某个产品满大街都是时，也就根本不被人们看在眼里。其实，不仅东西遵循这样的规则，对于人而言，这个规则同样适用。熟悉职场的人都知道，如今有很多猎头公司专门为各大公司四处挖人，他们所挖的都是有价值也有自己独特技能的人，或者术业有专攻，或者擅长管理等，总而言之绝非凡人。反之，那些缺乏核心竞争力，总是四处找工作的人，根本不可能被挖，因为他们很容易被替代。所以，聪明的朋友一定会让自己变得无可取代，因为这样才能最大限度实现自己的价值。尤其是在团队中，我们更要以一技之长奠定自身的价值，如此才能为自己赢得一席之地，为自己在团队之中树立威信，得到认可和赞许。除此之外，还要以巧妙的技巧营造“地球离开我就不转”的效应。毕竟人的本性就是拥有时不知道珍惜，失去时才追悔莫及，因此，如果你已经习惯对上司有求必应，那么也应该学会在恰当的时候缺席，这样上司会在习以为常的生活中感受到巨大的反差，从而意识到你对他们到底有多么重要。

作为优秀的NBA球员，纳什一直在菲尼克斯太阳队。因为出色的表现，在2004—2005赛季，他被评为常规赛MVP，也就是价值最高的球员。对于每一个球员而言，这都是至高无上的荣誉，是值得骄傲和自豪的。

尽管纳什表现出色，但是很多球迷都觉得，太阳队之所以光芒璀璨，除了纳什的效力之外，也因为太阳队有很多出色的球员，诸如超级马里昂，诸如迪奥，他们都是太阳队不可或缺的人物，与纳什组成了太阳队坚不可摧的铁三角。事实的确如此。有纳什的时候，太阳队创造出很多战功，甚至他身边的人也都变得能力高强。如马里昂，他的各种表现同样优秀，有段时间他的风头甚至比纳什更盛。然而，在纳什受伤后，失去了太阳的太阳队，在比赛中居然从一开始就接连失利，不但马里昂的表现堪忧，就连刚被评为第一效用中锋的迪奥也成为助攻王。太阳队往日的快攻优势完全消失，纳什的缺席，也带走了太阳队在赛场上的节奏，使得整队人马都茫然不知所措，变得不堪一击。

正是因为纳什的缺席，才使得每个人都看清楚一个真相，即所有人的出色都是借助于纳什的光芒，失去了太阳的太阳队根本不堪一击，那些看似也有优秀表现的球员更是变成了无头苍蝇，在赛场上完全找不到节奏。实际上，有很多人都会像纳什一样采取缺席的方式来提醒他人：他们是非常重要的，是不可或缺的。诸如明代的政治家张居正，由于在朝廷上受到很多政敌的攻击，也因为皇帝不再倚重他，所以特意奏请还乡。他的这个举动正中皇帝的下怀，皇帝很想借此机会收回实权。但是，在张居正不在的时候，朝廷里的一切都乱了套，皇帝这才意识到张居正的重要性，赶紧请回张居正，并且帮助张居正肃清政敌。这当然比张居正直截了当地让皇帝重视自己效果更好，毕竟事实胜于雄辩，任何时候事实都是最具有说服力的。

现实生活中，你一定有过这样的感受，即在拥有美好的事物或者人的时候，并不知道珍惜，而一旦失去了，才意识到那些人和事的重要性，追悔莫及。所以，真正聪明的人很懂得利用缺席来彰显自己的重要性。这样做，即使什么也不说，也能够达到自己的目的，得到他人的尊重和重视。当然，这么做也是有先决条件的，即我们必须是有真才实学的人，而且的确是不可替代的。否则，我们的缺席非但不会让人意识到我们的重要性，反而会给他人留下不好的印象，觉得我们是故意托大，拿腔作势，这样就会事与愿违，完全是不足取的。

第04章

敢说敢做敢担当，厚脸皮是一种另类的勇敢

常言道，金无足赤，人无完人，既然我们每个人都是肉体凡胎，不是无所不能的神，也就注定了我们不可能不犯错误。的确，一个人就算再聪明，心思再缜密，也有犯错误的时候。就连带领美国人民走过艰难的历史时刻的美国前总统罗斯福也说，自己如果能够达到百分之七十五的正确率，就已经超出预期了。作为普通人的我们，每天面对生活的琐事，瞻前顾后，犹豫不决，也不能如同罗斯福一样做到高瞻远瞩，怎么可能不犯错误呢？

主动认错，才能获得谅解

常言道，智者千虑，必有一失；愚者千虑，必有一得。这句话告诉我们，一个人哪怕再愚钝，只要认真思考，总能作出正确的决定；而一个人即使很聪明能干，也不能保证自己绝不犯错误。所以，朋友们，不管你们是自以为聪明，还是觉得自己能力超群，都不要把自己看得过高，更不要走上自负的极端，觉得自己无所不能。现实生活中，面对琐碎的事情，每个人都难免有手忙脚乱、无法正确作出决策的时候。凡事一旦发生就成为不可更改的历史，哪怕真的犯错了，也不要推脱责任，而要勇敢主动地认错，这样才能争取得到他人的谅解。

很多人犯了小错尚能道歉，可一旦不小心酿成大错，无论如何也不敢主动承担责任，甚至还会逃避和推脱责任。实际上，每个人都会说错话做错事，这无可指责，大多数情况下，他人之所以不能原谅我们的错误，就是因为我们对待错误的态度没有达到他人的预期。在后果不严重的情况下，我们要在事情发生的第一时间就真诚地和他人说“对不起”。通常情况下，面对真挚的道歉，他人不会揪着我们的错误不放，而是会选择原谅我们。但是，如果一个人明明知道自己错了，却拒绝道歉，并且始终在找各种借口为自己进行辩解，那么最终他不但无法得到朋友的原谅，还会被朋友指责。渐渐地，朋友们知道他是这样的狡辩者，就会疏远他，不愿意继续与他交往，可想而知，他必然会陷入孤立无援之中。

卡耐基的家，就在森林公园旁边。因为森林公园很大，很多地方人迹罕至，所以卡耐基经常带着自己的小猎狗雷斯去公园里散步，在没有人的时候，他还会为性情温顺的小猎狗解开狗链，取下口罩，让它自由地撒欢。

有一天，卡耐基正和小猎狗在公园里无拘无束地玩耍时，一位警察骑着马来到卡耐基的面前，表情严肃地批评卡耐基："先生，难道你不知道狗容易伤人，在公共场合需要戴口罩或者拴上链条吗？你不知道自己现在这样的行为是违法的吗？"卡耐基当然知道自己的做法不对，不过他还是认为小猎狗在这里不会闯祸，因而他小声辩解："这里基本没什么人，我觉得我的小狗不会闯祸的。""你觉得？你觉得？那么，先生，如果真的发生什么事情，你付得起法律责任吗？如果你的小猎狗咬伤孩子，或者把弱小的松鼠咬死了，你又该怎么办呢？这次就算了，但是下不为例，否则你就要去和法官解释你的行为了。"警察有些生气，郑重其事地对卡耐基提出警告。此后很长一段时间，卡耐基都不敢再违反法律，因为他可不想见到法官。但是雷斯一点儿都不喜欢拴着狗链，也不愿意戴口罩。一天傍晚，卡耐基看到天色渐渐晚了，公园里根本见不到任何人影，因而他忍不住又给雷斯松开狗链，取下口罩。雷斯高兴极了，欢呼雀跃着，和卡耐基在公园里的小山坡上赛跑。突然，卡耐基看到那天的警察正骑着马走过来，他心中一惊，当即决定主动认错，先发制人。警察还离得很远呢，卡耐基就冲着警察喊道："对不起，先生，我又犯错了。你上回已经警告过我了，我愿意接受任何惩罚。"出乎卡耐基的预料，警察这次态度非常友善，温和地说："如果我是你，大概也忍不住要在这里解放这条可爱的小狗，让它尽情欢乐一下。”卡耐基点点头，说：“我的确没有忍住。但是，我想我触犯了法律。”警察笑着说：“也许没有你说得那么严重，现在我就当自己什么也没看到，你快带着它跑过山丘那边吧！”

在这个案例中，卡耐基第一次被警察批评时，忍不住为自己辩解，所以导致警察很生气，说话的语气也非常严厉。在时隔不久、第二次遇到警察时，卡耐基一改第一次的做法，主动承认错误，而且表示愿意接受警察的惩罚，这次警察非但没有生气，反而宽容了卡耐基的违法行为。警察还是同一个警察，之所以态度改变，完全是因为卡耐基认错的态度不同。任何时候，我们一旦犯错，就要积极主动地承认错误，而不要找任何理由为自己辩解。这样，我们才能先发制人，赢得他人的谅解。

道歉的时候，态度一定要诚恳，语气要真诚。这样，别人也会感受到我们的态度，从而宽容地对待我们。当然，道歉也是有技巧的，首先要让道歉用语先行，这样可以第一时间让别人感受到你的认错态度，知道你的内心充满歉意。其次，说完礼貌用语之后，不管你有多么充分的理由，都不要为自己辩解，而是要进行自我批评。试想，对于一个积极地进行自我批评的人，他人怎么还会劈头盖脸地指责呢？实际上，进行自我批评恰恰是我们减弱他人怒气、使他们不那么苛责我们的唯一方式。最后，道歉还要把握恰到好处的时机。通常情况下，道歉越及时，越能够消除他人心中的怒气。否则，道歉姗姗来迟，就会失去应有的效果。当然，如果对方情绪特别激动，此时则先不要急于道歉，而是要等到对方的情绪恢复平静之后，再以合适的方式道歉，以期取得最好的效果。

勇于承认错误，谁还不会说错话呢

古人云，言多必失，祸从口出，这就是老祖宗在以切身经验告诉我们，人在说话的时候难免会犯各种各样的错误，这完全是正常现象，完全无须惊慌失措。只要不是故意以语言的尖刀伤害他人，我们在说错话之后，应该第一时间道歉，以赢得对方的谅解。如果是因为一时冲动、口无遮拦而说错话，那么首先要做的是学会控制自身的情绪，从而避免自己用语言伤害他人的心，使得事情变得无法挽回。很多人都觉得，不就是一句话嘛，不会导致太严重的后果。殊不知，语言就像一把“双刃剑”，尤其是对于容易歇斯底里的人而言，他们似乎很难控制语言，导致语言如同尖刀刺伤他人的心，再想要收回时，却绝不可能。常言道，说出去的话如同泼出去的水，这一切都告诉我们千万不要随意以语言作为武器伤害他人，特别是不假思索说出去的话，更是会给他人造成无法挽回的伤害。

当然，大多数情况下，人们不小心失言并非刻意为之，但是，这会引起交际危机。正如人们常说的，会说的人说得人笑，不会说的人说得人跳，就是这个道理。那么，失言之后怎么办才好呢？有人选择忽视自己的错误，实际上这样的做法是完全错误的。失言之后，我们可以假装没说过错误的话，听到的人却不能假装从未听过错误的话。这些话就如同刺一样扎在他们的心里，使他们感到痛苦。既然如此，作为过错方，不管是有心还是无意，我们都要第一时间坦然承认错误，真诚地道歉，从而争取他人的原谅。至于错误的后果，可以在以及时的道歉帮助他人平复情绪后，再慢慢想办法去弥补，挽回影响。

清朝时期，纪晓岚是乾隆皇帝很喜欢的大臣。也因为纪晓岚聪明机智，乾隆皇帝经常拿他取乐。有一年夏天，纪晓岚在军机处办公，因为太热了，他就光着膀子凉快，同时还和军机处的几个人谈笑风生。不承想，此时乾隆皇帝突然到访，其他人都去接驾，纪晓岚光着膀子不敢见乾隆皇帝，生怕被怪罪亵渎皇帝，因而就赶在乾隆看到他之前钻到桌子底下藏了起来，却不知乾隆皇帝早就把一切看在眼里。但是乾隆皇帝有心捉弄纪晓岚，所以没有声张，而是坐在椅子上不走了。

纪晓岚大汗淋漓地藏在桌子底下，大气都不敢出。由于很久都没有听到乾隆皇帝说话，他便小声问："老头子走了吧？"乾隆皇帝马上厉声呵斥："纪晓岚，你见了朕非但不接驾，反而藏起来，这也就算了，如今居然公然叫我'老头子'，这你可要给我解释清楚啊！不然，就别怪我无情！"纪晓岚吓得心惊胆战，赶紧从桌子底下爬出来给乾隆皇帝磕头谢罪，然后开始解释："皇帝万岁，奴才叫您'老头子'是尊敬您。'老'是万寿无疆的意思，天下所有人都呼您'万岁'，普天之下只有您能担得起这个'老'字。"乾隆皇帝对于纪晓岚的解释尚且满意，因而点了点头。纪晓岚接着说："您顶天立地，又是万民之首，所以是'头'。至于'子'，是因为您贵为天子。"纪晓岚随机应变，最后居然说得乾隆皇帝喜笑颜开，当然也就没有受到任何惩罚。

古人云，伴君如伴虎，在封建社会，臣子在皇帝面前失言，搞不好就要掉脑袋。纪晓岚居然称呼乾隆皇帝为"老头子"，这要是换作别人，定然是死罪。但是纪晓岚灵机一动，把自己对于乾隆皇帝的失言解释得头头是道，还使得皇帝龙颜大悦，可谓天下奇才。而且在回答的过程中，纪晓岚始终态度谦恭，绝不表现出任何圆滑和有失谦恭的样子，这一切都使乾隆皇帝更加欣赏他的才华，而不愿意怪罪于他。

很多时候，人们一时激动或者大意，就失言了。因此，想好失言之后的补救方法，是非常重要的，这样才能及时道歉，才能赢得他人的谅解。有的人在惊觉自己失言之后，非但不主动道歉，反而想出各种理由为自己辩解，这无异于火上浇油，只能起到完全相反的作用，导致事与愿违。在失言之后，我们需要做到这样几点：首先，道歉一定要真诚，要让对方感受到我们是无意的，我们道歉的态度也是非常真诚的。其次，道歉要及时，越是及时道歉，越能够收到更好的效果。在弥补过失时，也要及时，做到随机应变，这样才能最大限度地消除他人心中的不满意。有的时候，如果不知道如何补救，也可以将错就错，从而减少对他人心理上的伤害。总而言之，言多必失，我们与人交流时，一定要谨言慎行，把话说得让人开心，而不要说得使人恼火，从而防患于未然，这才是根本的解决之道。当然，出了事不怕事，勇敢承担，也是很有必要的。一味地逃避只会让人小瞧我们，所以要勇敢起来，这样才能成为顶天立地的人，即便犯错了，也能得到他人的认可和尊重。

金无足赤，人无完人

现实生活中，绝没有十全十美的人存在，每个人或多或少都有一些缺点。但是有些人总是要求自己完美无瑕，导致自己非常痛苦。实际上，人生不可能永远一帆风顺，人也不可能总是采取积极的思维面对人生、面对自我。否则，久而久之，这种积极的思维方法会使人们对自己产生过高的预期，一旦预期达不到，就会感到挫败，甚至使自己和他人都感到难堪。

生活中和职场上，我们时常听到人们充满遗憾的话语，诸如有人会说“假如我当初更努力一点，现在一定……”“在我从事的领域里，我是最优秀的”“我有时间完成这件事情，我是最棒的”等。这些话听起来很积极，充满正能量，实际上非常消极，透露出不够自信的讯息。细心的朋友会发现，大多数喜欢以这种方式说话的人都不是很受欢迎，一则他们总是沉迷在懊悔之中，二则他们争强好胜，而且总是想让自己出类拔萃。在现代社会的人际关系中，各种关系错综复杂，非常微妙。为了避免过度完美的人给予自己巨大的压力感，人们更愿意和接地气的人交往，喜欢他们身上的小小缺点，也喜欢他们的真实自然。与此恰恰相反，人们不喜欢那些锋芒毕露的人，因为他们太过优秀，好胜心强，而谁也不想给自己树立竞争对手。所以，在现实生活中，要想得到他人的认可和接纳，我们不如客观评价自己，从容面对自己，也坦然承认自己的劣势，从而让对方在优胜于我们的情况下，获得优越感，更愿意与我们相处和交往。

大学时期，小米和小麦就是好朋友，还是睡在上下铺的好姐妹。大学即将毕业时，她们总是一起投递简历，一起应聘，最终幸运地被同一家公司聘用，得以再续好姐妹的情缘。然而，小米和小麦的性格截然不同，小米性格外向，非常有自信，很有冲劲和闯劲，就像一股热烈的风。和小米相比，小麦则显得沉默寡言，她很内向，专心一意地做好自己的本职工作，不管在工作中遇到什么困难，都能积极求教于老同事。因为她很有礼貌，态度谦虚，所以老同事们也愿意教她。所以，虽然她刚进入公司一个多月，却得到了大家的一致好评，工作上虽然进步不快，却稳扎稳打。

此外，小麦拘谨的性格还有一个好处，那就是她不会像小米那么张狂。小米是个自信的女孩，从一开始什么都不会、都要请教别人，到后来渐渐地掌握了工作上的技能，能够独当一面，她自我膨胀的特点也表现得越来越明显。有一次，她和其他同事一起合作完成一个项目，同事因为遇到拿不定的问题，想要请示领导，小米却说："这有什么难的，咱们自己完全可以搞定啊，没有必要去打扰领导。看看吧，你可是已经工作五六年的老人了，不要这么胆小慎微好不好？"小米无心的话，使同事的自尊心大受伤害，从此之后，这个同事再也不愿意和小米合作完成项目了。而小麦呢？每次和同事合作，她都会承认自己的不足，让同事多多包涵自己，这样一来，即使小麦做得不够好，同事们也能包容她，谅解她。小米张扬的个性，使得她经常被同事嫌弃，渐渐地，大家越来越喜欢小麦，而对叽叽喳喳、口无遮拦的小米敬而远之。

人在职场，爱出风头固然是好事，但是如果口无遮拦，总是自以为是、狂妄自大、自吹自擂，日久天长，就算真的有能力，也必然招致大家的嫌弃。人，不可能是十全十美的，如果能够客观认识自己，正确评价自己，从而理智认识到自己的优点和缺点，哪怕面对不足也能坦然承认，那么一定会得到大家的喜爱、理解和包容。

无数事实告诉我们，在人际交往中，总是使自己占据优势的人容易招人讨厌，唯有承认自身的不足，放低自己，给予他人优越感，才能赢得他人的好感，也使自己的人际关系发展良好。人总是爱比较的，在比自己优秀的人面前，人们很难从容自若。而适当的缺点则使人变得真实、可亲近，从而更加接地气，也更容易得到他人的理解包容。

对待工作，要有担当且敢担当

如今的职场竞争激烈，每个职场人士都承受着巨大的压力，甚至觉得无所适从。在如此的强压之下，工作上出错在所难免。职场人士要想得到同事和领导的认可，就要端正态度，在工作中千万不要推脱责任，而要有担当且敢担当，从而把工作扛在肩上。作为美国田纳西银行的前任总经理，特里曾经说过，一个人唯有勇于承认错误，才能从错误中吸取经验和教训，获得强大的力量。后来，心理学家由此引申出特里法则，即金无足赤，人无完人，每个人都难免犯错误，也会情不自禁地在犯错之后想要隐瞒错误，但是现实告诉我们，唯有从错误中吸取经验和教训，才能避免我们再次犯错，才能让我们得到他人的理解和宽容。尤其是在现代职场上，假如我们在某些方面犯了错误，千万不要尝试推卸责任，而应该主动承担责任，在领导面前肩负起自己应该负的责任，这样才能得到领导的谅解和赏识，才能让自己的职业生涯发展得更加顺利。

下属的职位在领导之下，这必然意味着他们在某些方面的能力也低于领导。当然，下属和领导在人格上是完全平等的，职位的高低完全是由工作能力决定的，所以下属没有必要妄自菲薄。犯错有什么关系呢？谁的成长不是在犯错的过程中实现的？与其当个懦夫推卸责任，不如勇敢地及时承认错误，再从领导的批评中吸取经验，以积极改进错误，争取领导的原谅。更何况，在任何情况下，一次错误并不能改变人的命运和人生。如果说有人曾经被一次犯错彻底毁掉，那么只能说是因为他们不愿意承担责任，更因为逃避错误而不愿意改正错误。人们常说，不要在同一个地方跌倒两次，然而回避错误的人无异于掩耳盗铃，很有可能让自己的错误重复。与其被动地等着别人指出错误，不如积极主动地承认错误，如此，不仅显得更有勇气，也更值得他人钦佩。

在这家公司，张猛已经工作三年了，不再是职场新人，但也不算是职场的老人，所以他依然有很多需要学习的地方。三年来，随着工作能力的不断提升，老板也渐渐开始安排很多重要的工作给张猛，这使张猛受宠若惊，因为他知道工作与能力总是成正比的。

前段时间，老板让张猛独自负责与一个重要的大客户的对接，原本，张猛作好了充分准备，在公司里等着客户的到来，却没有想到客户突然半路上改变行程，去了另外一家公司洽谈合作。这让此前已经和客户进行过多次沟通，而且已经针对合作的具体事宜与之达成一致的张猛非常愤怒。虽然说在正式签约之前客户是完全有权利继续选择和考察各家公司的，但是口头的约定也是约定，张猛理所当然地把客户的行为理解成毁约。一开始，张猛非常耐心地给客户打电话，希望客户能在约定的时间准时赶到公司与他见面，但是客户对于约定好的时间闭口不谈，后来索性挂断张猛的电话。张猛按捺不住，当即驱车前往客户去的那家公司，准备和客户摊牌。张猛到达的时候，客户正在和那家公司的负责人在会议室里商谈，看到客户背信弃义，张猛当即火冒三丈，甚至和客户吵了起来。就这样，原本只是临时决定多考察一家公司、并不打算完全推翻之前合作的客户，因为对张猛不满意，一气之下居然彻底改变主意，不再和张猛的公司合作。平白无故失去一个客户，冲动的张猛感到很懊悔，尤其是老板对这个客户寄予厚望，也对张猛寄予厚望，此时，种种期待全都烟消云散。张猛冷静下来之后，当即找到老板进行深刻的自我批评和检讨，老板看到张猛认错态度很好，而客户已经失去，也就没有过多指责张猛，而是让张猛从此事中吸取教训，以后一定要沉住气，不要冲动。

在这个案例中，张猛如果能够沉住气，继续观察和等待，也许客户在比较之后就会如约来公司找他签约了。但是张猛果然很猛，他无法等待，尤其是面对客户可能毁掉口头约定的情形，他更是火冒三丈，一气之下就跑到其他公司和客户对峙，以致伤害了客户的颜面，也彻底把客户推到了另外这家公司。对于自己的错误，张猛丝毫没有推卸责任，也没有过多地说客户的不是，而是找到老板承担责任，进行深刻的自我检讨。对于老板而言，既然客户已经失去，就不能再失去一个得力干将，所以，老板更愿意这件已经无法改变的事情成为张猛的一堂课，也希望张猛能从这件事情中获得成长，越发成熟起来。

记住，任何老板都不喜欢推卸责任的员工，工作上出现任何问题，我们都要第一时间反思自身，在老板面前承担责任。一个有长远眼光的老板，不在乎眼前的利益，他更希望看到员工的成长，所以，当我们主动承认错误和承担责任时，老板哪怕有所损失，也会因为员工的进步而感到欣慰。因此，朋友们，不要再为自己的过错寻找借口，即使不完全是你的责任，你也可以主动承担。这样，你将会给老板留下深刻的印象，也很有可能因此得到老板的认可和赏识，从此职业生涯发展更加顺利，这也算因祸得福吧！

得罪了领导不要怕，巧言认错

牙齿有的时候还会咬到舌头或者嘴唇呢，更何况我们每天都要和领导打交道，难免会因为说话过于随意，或者因为突发情况导致情绪激动，以至与领导产生言语上的冲突，得罪领导。每当这时，我们该怎么办呢？难道因为担心领导会给自己小鞋穿，就畏罪潜逃，马上跳槽换工作，从此之后再也不与领导见面？现代职场竞争激烈，人才济济，想要在短时间内找到合适的工作显然不容易，而且谁也不能保证，你在离开这位不小心得罪的领导之后，再遇到其他的领导就没有冲突。由此可见，在得罪领导之后逃之夭夭并非好办法，唯有想出真正解决问题的方法，才能与领导修复关系，得到领导的原谅。这样不但不需要换工作，说不定你还能与领导不打不相识，从此之后惺惺相惜，关系更近一步呢！

要想和领导认错，粗糙而又没有艺术性的方法显然行不通。虽然每一位下属在人格上与领导是完全平等的，但是因为职位的高低不同，下属在与领导交流时还是要讲究方式方法才能事半功倍。很多人都看过《负荆请罪》的故事，从某种意义上来说，下属和领导认错也相当于负荆请罪，必须恰到好处，才能达到好的效果。从语言表达的角度来说，下属在和领导认错的时候，态度一定要真诚谦逊。所谓官大一级压死人，有很多愣头青下属对于领导不服气，认错也带着不屑一顾的态度，这只会让领导对他们更加嫌恶。毕竟领导的职位比我们高，我们一定要给足领导面子，也可以在认错的过程中适当恭维和赞美领导，从而让领导大人不记小人过，不与我们斤斤计较，这样我们的目的就达到了。

辛亥革命时，袁世凯窃取了革命的果实，成为中华民国临时大总统，还梦想着有朝一日复辟成功，登上皇位。有一天，袁世凯午睡还没有醒来，有位女仆就端来参汤给袁世凯喝。看到袁世凯睡得正香，女仆不敢打扰，站在一旁静候。然而，女仆一不小心，突然失手打翻了参汤，导致价值连城的羊脂玉碗掉在地上，摔成了碎片。袁世凯从睡梦中被惊醒，又看到自己最心爱的羊脂玉碗被摔碎了，因而火冒三丈，当即就想要女仆的命。

看到暴怒的袁世凯，女仆灵机一动，跪在地上磕头求饶，并且连声说：“大人饶命，奴婢有隐情。”袁世凯喊道：“说吧，我看看你能编造什么瞎话来骗我。”女仆一边哭一边说：“奴婢受到了惊吓，进屋的时候看到床上躺着的不是大人，而是……”“什么？”袁世凯一听更生气了，连声呵斥，“快说，快说！要是你胆敢撒谎，看我怎么惩罚你！”女仆胆战心惊地说：“床上……床上……床上是一条通体金黄的大龙，我是被吓得险些摔倒，才不小心把手里的碗落到地上的。”听到女仆的话，一心想当皇帝的袁世凯不由得心中大喜：原来，我真的是真龙转世，看来我的皇帝梦有朝一日一定能圆啊！想到这里，袁世凯非但没有继续责骂女仆，反而拿出一些钱赏赐给女仆。

袁世凯想当皇帝的心世人皆知，他的贴身女仆当然也心知肚明。女仆当然知道自己性命堪忧，幸好她的脑子还很清醒，所以当即编造出一个能让袁世凯心花怒放的谎言，合了袁世凯的心意，也成功地救了自己一命。不得不说，女仆非常机智，所以才能在危急时刻救了自己一命。

古人云，伴君如伴虎，有的时候，哪怕一句话说错，也有可能招致杀身之祸。人在职场，与领导相处，同样要讲究策略和方法。尤其是一不小心口无遮拦地得罪领导时，千万不要惊慌失措，更不要推脱责任，而要勇敢地承认错误，这样才能在危急关头帮助自己解围，并缓解与领导之间的关系，再次得到领导的赏识和信任。

第 05 章

练习批评技巧，学点不伤人的批评艺术

金无足赤，人无完人，每个人都会犯错误，可以说在这个世界上不犯错误的人根本不存在。尤其是在漫长的人生中，几乎每个人都在错误中成长，踩着错误的阶梯前进。那些经常为我们指出错误的人，才是真心对我们好的人；而不愿意告诉我们错误，只是一味地偷偷看我们犯错，心中暗自窃喜的人，往往是希望我们无法进步的人。当然，人的本性都是趋利避害，虽然理智上知道指出错误的人是为我们好，但是我们依然不喜欢逆耳的忠言。在这种情况下，如果能够学会批评的艺术和技巧，批评也许就没有那么令人难以接受了。

忠言逆耳利于行，批评是对他人的忠告

常言道，良药苦口利于病，忠言逆耳利于行。人人都知道，难听的话尽管难听，却往往是箴言；但由于其逆耳，因此依然无法欣然接受。毕竟，理智和情感之间还是有一段距离的。然而，难道我们因此就不会受到别人的批评，也永远不去批评别人了吗？作为父母，我们当然会给孩子指出错误；作为朋友，我们当然会告诉他人哪里不对；作为上司，当下属工作上出现失误时，我们更要给他们指出来；作为爱人，要想在人生的路上与所爱的人执手度过、相依相伴，也须相互提携和指点……这一切都要求我们时不时地就要给他人指出错误，唯有如此，我们才是合格的父母、称职的爱人、优秀的上司、用心的朋友。总而言之，我们在生活中需要扮演太多的角色，也肩负着重要的任务，唯有更加积极主动地接受批评，并恰到好处地批评他人，才能与他人搞好关系，与人为善，达到预期的目的。

很多人在批评他人时，丝毫不讲究方式方法，看似是在给他人提意见和建议，实际上态度生硬，方式僵硬，最终好心办了坏事，惹得别人生气恼火。如果是亲人或者朋友之间因为批评而发生矛盾，也许很快就能尽释前嫌，让关系恢复如初；但是如果是在职场上与同事或者上下级之间产生矛盾，那么也许就会因此在心里结下疙瘩，以致影响工作，甚至影响职业生涯的发展。所以我们一定要记住，批评并非颐指气使地要求别人，而是诚心诚意地对他人提出忠告。唯有端正态度，讲究方式方法，批评才能达到预期的效果。

有些人因为碍于面子，总是不好意思批评别人，其实这是在逃避问题，根本无法彻底解决问题。问题总是存在的，生活更是许多琐碎问题的堆积，如果我们总是因为不好意思而委屈自己，把自己的意见、观点和态度都隐藏在心里，甚至受到他人不公正的对待也不敢提出来，那么，日久天长，我们必然非常被动，也会变得唯唯诺诺。总而言之，不管是生活中还是职场上，批评都是必需的，唯有摒弃不好意思的心理，心怀坦荡，大胆地提出自己的看法、意见和观点，才能为自己争取到平等的地位和对待，才能让自己与他人比肩而立，相互尊重。

当然，生活和工作中各种不同的场合，还是有一定的特殊性的，所以，我们作为下属，当需要向领导进谏时，一定要找到合适的方法，既能表达自己的意见和态度，也不至于引起领导的反感，这就需要掌握批评的艺术。否则，很多下属在向领导表达自己的观点时，非但不被采纳，反而会因为方式方法不恰当，招致领导的嫌恶，这就得不偿失了。需要注意的是，这并不是因为意见或者建议本身不好，而只是方式方法导致的，只要进行适当调整，顾及领导的颜面，多多尊重领导，就能达到更好的效果。

邹忌身长八尺多，仪表堂堂，身材魁梧，因而是尽人皆知的美男子。不过，居住在城北的徐公也是美男子，邹忌从未见过徐公，因而很想与徐公媲美。一天，邹忌问妻子："我和居住在城北的徐公相比，谁更美？"妻子不假思索地回答："徐公比不上您美。"邹忌觉得妻子回答得太快了，因而又问小妾："我与徐公比，谁更美呢？"小妾也当即回答："当然您更美！"次日，家里来了客人，邹忌问客人："和徐公比，我和他谁更美呢？”客人想了想，回答：“您比徐公更美！”一连问了三人，显然，邹忌对于回答并不满意。巧合的是，没过几天，徐公就登门拜访邹忌，邹忌得以认真观察徐公，又从镜子里比较自己和徐公的相貌，最终觉得徐公无愧于“天下第一美男子”的称号，而自己远远不如徐公美。在徐公走后，邹忌陷入沉思，想到妻子、小妾和客人全都说自己更美，原来是因为她们都畏惧自己，或者对自己有所求。

邹忌在面见齐威王的时候，对齐威王说：“我根本没有徐公美，但是我的妻子偏爱我，我的小妾惧怕我，我的客人有求于我，所以他们不约而同地说我比徐公更美。现在齐国的所有人都仰慕大王、惧怕大王，也有求于大王，可想而知大王受到的蒙蔽比我更严重。”为此，齐威王当即下令重赏谏臣，从此之后朝廷门庭若市，满朝文武百官都来拜见齐威王，为齐威王指出错误。几个月之后，进谏的人少了一些，一年之后，几乎没人进谏了。而齐威王有则改之，无则加勉，变得更加英明圣明，成为一个好国君。

邹忌以自身的经历委婉进谏齐威王，提醒齐威王不要只想听到溢美之词，而要小心被蒙蔽，要想办法听到文武百官的真实声音。所以齐威王从谏如流，下达命令重赏进谏之人，因而得到更多的劝谏，也成为圣明的君主，把国家治理得更好。古人云，伴君如伴虎，很多人整日陪伴在皇帝身边，稍有不慎失言，就会招致杀身之祸。人在职场也是如此，要想给领导提建议，或者指出领导的不足和错误，一定要多多用心，找到合适的方法，才能事半功倍。

需要注意的是，在给领导提建议时，首先要把握适当的时机。领导也是人，不是神仙，如果领导正在气头上，你却非要往枪口上撞，哪怕你说得再对，也很有可能被领导批评，甚至臭骂一通。如果你能在领导高兴的时候委婉地提出建议，说不定还能得到领导的表扬呢！其次，给领导提建议时一定要选择恰到好处的方式。大家都知道，现在，很多非常苦的药，诸如黄连素，都包上了糖衣。这样一来，吃的时候就没有那么痛苦，而且依然能起到药效，岂不是一举两得？总比让人皱着眉头、痛苦万分地吃药更好，何乐而不为呢？给领导提建议也是如此，与其以不恰当的方式惹得领导生气，不如选择好的方式让领导乐呵呵地接受，也能给我们带来好运气。

批评要含蓄委婉，心中了无负担

正是因为批评要讲究方式方法，所以很多人惧怕批评他人，生怕自己一言不慎就会导致他人怒气冲天，也使得人际关系破裂。也因为面子问题，还有些人不好意思直接批评他人，不想伤害他人的颜面，所以没有勇气把批评的话说出来。在这种情况下，我们必须端正态度，意识到批评的本质是帮助对方认识到自身的错误，令其及时、积极地改进，避免因为一直错下去而酿成恶果，影响自身的发展。这样想来，我们批评他人一定不是为了害他人，更不是为了羞辱他人，所以要摆正态度面对批评，而不要总是畏缩怯懦。

当然，批评是人际交往中的一个难题，人都有趋利避害的本性，都不愿意被他人否定，而是希望得到他人的肯定和赞赏。在这种情况下，我们必须讲究批评的方式方法，而且要把握批评的好时机，如此才能最大限度地发挥批评的效果，让他人哪怕被批评也能心甘情愿地接受，并且对我们心怀感激。当批评达到这样的高度时，我们自然不会因为批评而感到内心沉重，而是会轻松面对批评，从而使得一切都水到渠成。需要注意的是，人人都很爱面子，在批评他人的时候，切勿直截了当地指出他人的错误，不给他人面子，伤害他人自尊，这样一定会导致他人对我们心生怨恨，如此一来，批评非但无法达到督促他人改正错误、不断进步的目的，反而会事与愿违，使得我们与他人之间的关系破裂，可谓得不偿失，后果严重。

人人都会犯错误，一个人不管是有心还是无意犯了错误，都不代表我们就可以言辞苛刻，肆意践踏他的尊严。批评他人时，不管采取何种方法，我们都一定要语言婉转，切勿言辞刻薄尖酸，否则会使对方产生逆反心理，对我们再也不服气，更不信任，使得我们的批评毫无效果。有的时候，我们会因为他人的错误而感到非常愤怒，情绪冲动，在这种情况下就要按亮情绪的红灯，告诫自己宁停三分、不抢一秒，从而保持情绪上的平和，做到如同春风化雨般把我们的观点和态度传达给他人。如果我们声色俱厉，则非但无法表现出我们的威信，反而会伤害他人的自尊心，导致他人产生逆反心理，故意与我们对着干。有些人还会当面反驳，甚至与我们之间发生语言上的冲突，造成极大的不愉快。这样的批评非但没有效果，反而导致事与愿违，损害人际关系，完全不可取。

张大妈的老房子漏水了，所以她特意找来几个建筑工人给自己修房顶。刚开始时，每天工人收工的时候，都把工具随意乱丢，四处掉落的水泥块也没人收拾，导致院子里零乱不堪。然而，因为这几个工人的手艺很好，做活非常细致，所以张大妈勉强忍住什么也没说。三天之后，张大妈实在忍不住了，因而思来想去，想出了一个好办法。她叫来老街坊帮忙，大家一起把院子打扫得干干净净，所有的工具都堆放在院子里不碍事的角落中，因此院子看起来清爽干净，让人赏心悦目。次日，等到工人再来干活时，张大妈当着工人的面对工头说："街坊四邻昨天来我家玩，看到院子里这么干净整洁，都大吃一惊。他们说大多数工人干活之后院子里都如同土匪打劫一样零乱不堪，还是第一次看到家里有工人干活还能这么干净的呢！我还有几个老邻居也考虑修屋顶，等到我的房子竣工了，我让他们和你联系。"

工头有些丈二和尚摸不着头脑，但是看到张大妈这么高兴，而且要给他们介绍新的活儿，工头当然很高兴，因而当即对工人们说："大家都听到了吧！遇到张大妈这样的主顾，是咱们的幸运。以后收工要比今天打扫得更干净，而且一定要把屋顶修结实了，这样张大妈才好给咱们介绍老街坊啊！"工人们纷纷点头表示认可，当天收工时，他们果然把院子收拾得干净整洁，让张大妈十分满意。

假如张大妈直接指出工人们的错误，那么工人们非但不会按照张大妈说的去做，反而有可能产生逆反心理，故意与张大妈对着干。幸好张大妈深谙批评的艺术，因而把批评的话说得非常委婉含蓄，甚至使工人以为得到了张大妈的表扬。尤其是当听说张大妈还要给他们介绍老街坊的活儿时，工人们更加干劲十足。

现代社会，几乎每个人都有可能被批评，也需要批评他人。职场上，很多领导深谙管理的艺术，也掌握了批评的技巧，因而会选择先赞美下属，再给下属提出建议，从而让下属意识到，如果自己在某些方面能改进，就会变得更加优秀，令其工作上也表现得更突出。这样一来，不但领导批评下属的时候心中轻松，下属也不会因为遭遇"批评"而有心理负担，所以在工作上会有更出色的表现。当然，批评他人的时候还需要注意，语气一定要平缓，切勿带着情绪、传染他人，导致他人也情绪激动。此外，任何批评都要就事论事，千万不要上升到人身攻击的程度，否则就会引起他人的反感，导致事与愿违。

先批评自己，再批评他人

很多人不敢批评他人，一则怕引起他人的反感，导致冲突；二则也怕自己表达方式不恰当，使得批评非但无法达到预期的效果，反而事与愿违。当然，批评的时候这些情况都是有可能发生的，但是，对于批评，只要掌握了技巧，完全可以很好地避免这些不那么令人愉快的事情。

在批评他人时，如果我们能从批评自己入手，然后再批评他人，那么他人往往更容易接受。尤其是当团队合作的工作出现失误时，我们更应该批评自己，先从自己身上找原因，再批评他人，让他人和我们一起改进。越是团队里的领导人物或者核心人物，在工作出现失误的时候越是不要盲目地推卸责任。唯有主动勇敢地承担起责任，赢得他人的认可和赞许，我们才能在团队中建立自己的威信，从而理直气壮地批评他人，他人才会心服口服地接受我们的批评。

心理学上有一个概念，叫说服力。对于说服力，领导者当然是需要的。不过需要注意的是，领导者的说服力并非与生俱来，也不是坐到某个位置上就会自然得到的，而要靠着树立威信，在下属心目中有至高的位置，才能获得。如果领导者在下属犯错的时候，只会一味地批评，从来不主动承担责任，而是把一切责任都推卸到下属身上，那么日久天长一定会被下属鄙视，还谈何说服力呢？领导者既然在职场上身居高位，就要表现出自身的高度，具备领导者该有的涵养和风度。如果领导者先进行严肃的自我批评，把一切责任都主动承担起来，那么，再批评下属的时候，领导者的话就会具有很强的说服力，下属也能够心服口服地接受，并且主动改正错误。渐渐地，领导者的说服力自然越来越强，领导者在下属心目中也会具有至高的分量，更能够赢得下属的尊重，甚至是衷心拥护。如今很多人都说领导难当，其实，如果领导对于下属而言不仅仅是发号施令者，而是能够更多地为下属承担，就是所谓的“罩着”下属，那么，渐渐地，该领导必然能够赢得下属的尊重和信赖，使得管理工作水到渠成。

作为公司的财务人员，黄桃有一次工作上出现失误，给一位请病假的员工发了全薪。刚刚发完薪水，黄桃就意识到自己的失误，因而当即找到那位员工，告诉他薪水发错了，将会在下次发薪水的时候扣除这次多发的。但是那位员工很为难地告诉黄桃：“很抱歉，我最近真的经济危机，你能不能分期扣回多发的钱呢？这样我也可以缓解一下，不至于那么被动。”黄桃当然知道这是自己的失误导致的，只能和那位员工商量，所以她没有直接回绝那位员工的请求，而是答应为这位员工申请。但是黄桃也很为难，因为一旦财务总监知道她犯了这么严重的错误，很有可能狠狠批评她一顿，甚至还会扣她的奖金呢！思来想去，黄桃也没有想出好办法，只好隐瞒了这件事情，擅自做主给那位员工采取分期扣款的方式还回多发的奖金。

然而，世界上没有不透风的墙，半个多月后，老板不知道为何得知了此事，非常生气，当即找到财务总监询问事情的缘由。此时，财务总监还被蒙在鼓里呢，根本不知道事情的来龙去脉，他当机立断，承担起事情的主要责任，而且说是自己批准黄桃这么做的。当然，老板最终只是狠狠地批评了财务总监一通。后来，财务总监找到黄桃，告诉黄桃事情已经过去了，让黄桃认真工作，以后不要再犯这样的错误。财务总监还自己拿出钱来垫付黄桃错发的工资，从而补上了公司的窟窿。对于这件事情的结果，黄桃非常感谢财务总监的鼎力相助，后来她在工作上非常用心，再未犯过类似的错误，而且对财务总监忠心耿耿，成为财务总监的心腹。

黄桃这也算是因祸得福，而这一切都得益于她有一个好领导。如果不是财务总监果断地帮助黄桃承担一切责任，只怕老板一定会重重地责罚她。那么黄桃不但要面临经济损失，甚至工作也难以保住。幸好财务总监在关键时刻挺身而出，虽然不知道事情的来龙去脉，却全力承担责任，最终成功地保住了黄桃，也赢得了黄桃的心。财务总监没有批评黄桃，只是轻描淡写地告诉黄桃以后不要再犯同样的错误，而且自掏腰包补上了公司的亏空。即便如此，黄桃也依然受到了深刻的教训。实际上，总监越是什么也不说，她便越发内疚，越是时时告诫自己不能再犯同样的错误。人们常说此时无声胜有声，不得不说，总监的批评教育也达到了无声胜有声的效果。

每个人都会犯错误，这是难以避免的，不管是下属向上司进谏，还是上司批评下属，都要讲究批评的方式和方法，懂得批评的艺术。金无足赤，人无完人，每个人犯错误都是难免的，我们既要宽容对待他人的错误，也要委婉指出他人的错误，这样才能帮助他人不断进步。尤其是对于与自己亲近的人，我们很难看着他们在错误的道路上越走越远，因此要给他们指出错误，同时督促他们不断地改进，提升和完善自我。要想让批评不招致反感，不如先从自我批评开始，从而给他人树立起反思自我、勇于承担责任的榜样，接下来的工作就会水到渠成了。

批评未必要声色俱厉

很多人每当批评他人时，原本阳光普照的面庞就会马上阴云密布，曾经的和气也荡然无存，似乎一瞬间一切的温柔和煦都被冰封，整个人也变得冷若冰霜。这无疑是对批评的误解，难道批评他人时就一定要声色俱厉，使人感到害怕吗？难道批评只有在让人恐惧的情况下进行，才能达到预期的效果吗？当然不是的。所谓批评，可以采取多种多样的方式，例如，有人以规劝或者提建议的方式批评他人，也有人以赞美的方式为他人指出错误，引导他人不断改正，还有人会采取无声胜有声的榜样法，以身作则，给他人树立好的榜样。总而言之，批评不需要拘泥于任何形式，只要达到预期的目的，起到一定的作用，就是值得提倡的方式方法，就是值得赞许的。

对于每个人而言，批评都是必不可少的强化手段。就像孩子们考试一样，如果考试之后不知道自己错在哪里，或者不会主动去改正错误，那么考试就是毫无意义的，也没有起到丝毫作用。每个人都会犯错误，有些错误自己可以反省到，有些错误却往往是无意间犯的，必须经过他人的提醒才能意识到错误的存在。所以不要嫌恶那些批评我们的人，尤其是亲近的父母、朋友等，或许他们批评的方式方法不那么好，但是出发点一定是好的。同样的道理，当我们出于为他人好的心意而批评他人时，也要找到合适的时机和最好的方法，这样才能事半功倍，让批评效果倍增。

很多人都存在误区，即觉得批评一定会使人不愉快，还有些人甚至把批评与委屈和眼泪联系在一起。殊不知，随着时代的发展，情商也被提升到更加重要的地位，如今的批评方式多种多样，完全无须声色俱厉，高超的批评艺术能使得我们与他人之间关系依然亲密，不会因为批评的发生受到任何影响。总而言之，我们要尽量减少批评的副作用，从而让对方心甘情愿采纳我们的意见，接受我们的主张，让批评水到渠成，顺利被接受。

很久以前，有个小男孩家里非常贫穷，因此小小年纪的他就去工厂里做工。小男孩很喜欢唱歌，梦想着长大之后能成为歌星。在遇到人生之中的第一位老师时，他高兴地把自己的梦想告诉老师，老师却当头给他泼了一盆冷水："你五音不全，根本不适合唱歌，怎么可能成为歌星呢？"老师这句脱口而出的话，使男孩深受打击，他沮丧地回到家里。妈妈看到他伤心的样子，把他搂在怀里说："孩子，你很喜欢唱歌，这就足够了。看看吧，你现在唱歌有很大的进步，将来一定会越唱越好的。"从此之后，妈妈努力挣钱，把男孩送去学习音乐。在妈妈的支持下，男孩对自己越来越有信心，最终成为那个时代最伟大的歌剧演唱家。

因为老师的打击，男孩变得万分沮丧，甚至对于实现梦想失去信心。幸好，他的妈妈虽然只是普通的家庭妇女，却知道一个最简单的道理，那就是要支持自己的孩子做喜欢的事情，所以妈妈努力挣钱，最终给予孩子信心和勇气继续朝着梦想前行。就这样，这个孩子成为伟大的歌剧演唱家，实现了自己的梦想。当然，那位老师的批评和否定并非出于恶意，也许只是无心的一句话，但是他没有意识到老师说的每一句话都会给孩子带来很大的影响。如果不是妈妈的支持和鼓励，男孩也许就会放弃梦想，那么世界上就少了一个伟大的歌剧演唱家。

现实生活中，我们一定要注意自己的言行，尤其是在批评他人的时候，更要充满善意，尽量少指责他人，而要多多激励和支持他人。唯有帮助他人建立信心，鼓起勇气，他们做事情的时候才会发挥出所有的能力，发挥出自己最高的水平，从而获得成功。记住，一定不要故意贬低别人，否则不但会破坏你与他人的关系，也会令你得到他人同样的对待。

具体而言，善意的批评可以采取与传统批评不同的方式，诸如可以用激励代替批评。史金纳教授曾经主张用激励代替批评，而且分别在动物和人的身上进行了实验，最终证实激励的力量比批评更大，会让实验对象在得到激励之后把很多事情做得更好。所以，在现实生活中，不管是对于自己的家人还是对于工作上的合作伙伴，我们都要以激励为主，以批评为辅。其次，我们还可以以启发的方式委婉地给他人提建议，正所谓动之以情、晓之以理，这样就可以让他人更愿意接受我们的意见，对我们的批评主动接纳，对自己的不足积极改正。最后，有些人之所以犯错，完全是在无意识的状态下。每当这时，我们无须声色俱厉地批评他们，而应以警告的方式，让他们意识到自己的言语和行为有不当之处，从而让他们对于自己的言行有所收敛。相信他们在意识到错误之后，一定会马上改正错误，完善自我。

原谅他人，要勇敢地说出来

通常情况下，如果一个人被批评，并且意识到了自己的错误，虚心改正，那么他一定会对因为他错误的言行举止受到伤害的人进行道歉。这个被伤害的人，或者是批评他的人，或者是第三者。不管被伤害的人是何身份，都应该尽量原谅当事者，毕竟人人都会犯错误，尤其是当对方完全出于无心犯错的情况下。

有些人因为不好意思而不能批评他人，同样，也有些人因为不好意思，不愿意把原谅他人的话说出口，只是选择在心里默默地原谅。人们常说，爱要大声说出来，其实原谅的话同样需要大声说出来。假如我们只是在心中原谅了他人，而并没有把谅解说出来，那么他人如何知道我们已经原谅他们了呢？他们很有可能继续活在内疚中，用不安惩罚自己。诺贝尔经济学奖的获得者、毕业于哈佛大学的经济学家萨缪尔森曾经说过，在人际交往中，每个人都应该多多体谅他人，而尽量避免责难他人。的确，和责难与辱骂相比，原谅和宽容更能使人获得进步。尤其是当对方无意犯错的时候，严苛的责骂会使对方觉得心力憔悴，甚至感到深受伤害。因为他们也很委屈，不知道自己为何会遭受这样的指责，也许他们在被责骂的时候并不知道自己到底哪里做错了。这种情况下，人们之间难免因为误解发生争执，导致人际关系受到损害。尤其是莫名其妙被批评的人，更会觉得颜面尽失。所以，朋友们，即便我们的批评是好意的，也不要无端批评他人，在批评他人时最好先说说你的感受，让他人意识到自己的错误。在他人真诚道歉之后，也不要一声不吭，而应该选择原谅，并且把原谅说出口，让他人意识到你已经原谅他了，这样他人才能释然。

爱迪生一生之中的大部分时间都是在实验室里度过的。有一天，爱迪生和助手忙碌了很久，才做出一个电灯泡。他们欣喜若狂，赶紧叫来年轻的学徒，让他把灯泡拿到楼上的实验室放好。学徒知道这枚灯泡来之不易，因而就像捧着珍宝一样朝楼上走去，谁知道越是小心越是出错，他在上楼的时候不小心脚下一滑，居然摔倒了，灯泡应声而碎。爱迪生当然很为灯泡可惜，毕竟这是他与助手辛苦工作一天一夜的成果啊！然而，他什么也没有说，更没有责备学徒。没过几天，爱迪生又和助手通宵努力，制造出一个灯泡。灯泡刚刚做好，爱迪生就不假思索地喊来学徒，让他把灯泡送到楼上的实验室里。这次，学徒很小心，灯泡完好无损。助手得知此事后，埋怨爱迪生："上次，他就把灯泡摔碎了，你都没有批评他，这次居然还敢把灯泡交给他，万一再摔碎了，咱们岂不是又白忙活了？"爱迪生不以为然地说："原谅不仅表现在嘴上，更要付诸实际行动。"

爱迪生真的原谅了学徒，因此他不但当时没有批评学徒，还在事后不久又交代给学徒同样的工作。正如他所说的，原谅不仅是用嘴巴说出来的，更是用实际行动做出来的。在帮助爱迪生成功把灯泡送到楼上的实验室之后，相信这个学徒一定会真正释然，再也不会因为曾经摔碎一个珍贵的灯泡而耿耿于怀了。

现实生活中，很多人一旦看到他人犯错，第一时间就会责骂他人。尤其是这些错误的受害者们，更是容易情绪失控，以致怨愤突然爆发出来。其实，假如我们能够静下心来认真思考，就会发现，抱怨、责骂甚至是侮辱等发泄愤怒的方式，非但于事无补，反而会使我们的情绪变得恶劣，也会使我们与他人的关系紧张起来。所以，不管在什么情况下，原谅他人就是宽宥自己，每一个人都是值得被宽容的。不要不好意思原谅他人，爱要大声说出来，原谅也要大声说出来，而且要以实际行动做到，这样才能卸掉他人和我们自己心中的沉重负累，让生活变得轻松。

当然，也有些人心思狭隘，在被伤害后无法做到马上释怀，所以会用沉默来表示自己不肯原谅，让他人心中始终背负沉重的负担。殊不知，这种做法不但是惩罚他人，更是惩罚我们自己。所谓放下，就是告诉人们要放下所有不好的情绪，放下人生的种种贪恋和执念，如此才能做到尽情尽兴，无所畏惧。在面对伤害时，唯有真正的强者才能选择原谅，尤其是能把原谅的话说出口的人，内心更是无比强大。此外，既然选择了原谅，就不要再喋喋不休地抱怨或者挑剔苛责。要知道，人的心好比一个有限的容器，若盛满了抱怨等负面情绪，就没有地方容纳爱与和善了。同样的道理，若我们的心中满怀爱与友善，仇恨就会无处容身，最终消失。所以，朋友们，一定要牢牢记住一个道理，宽容他人就是宽宥自己，唯有放下愤怒，我们才能宽容他人、善待自己。学会原谅，你才能真正成为人生的强者！

第 06 章

大胆干脆地拒绝，巧妙委婉地说“不”

生活中，我们经常有事需要求助于他人，也常常被他人求助。在被人求助的时候，我们有的时候心有余而力不足，有的时候虽然有能力，却因为各种各样的原因或者自身的各种状况，以致无法帮助他人。那么，我们要如何拒绝他人，才不至于让他人遭遇尴尬呢？千万不要居高临下地对待那些求助于你的人，否则你丢掉的不仅是友情，还有自己做人做事的原则。人生在世，风水轮流转，谁能保证自己没有需要别人的那一天呢？唯有宽容对待他人，我们才会得到他人友善的对待。拒绝他人时，我们既要干脆大胆，也要委婉巧妙，这样才能既达到拒绝的目的，也不至于让人难堪。

巧妙拒绝，保留他人颜面

他人来求你帮忙，一定是因为你有过人之处，或者有独特的资源；至少，你在某些方面是比对方占据优势的，否则对方为什么一定要让你帮助他呢？这个时候你当然可以沾沾自喜一下，有人求助说明你有被利用的价值，也说明你有独到的地方，但是千万不要因此就变得趾高气扬，尤其是对于那些平日里原本就看不上眼的人，这个时候你需要展示的不是高调，而是低调内敛、谦虚、谨言慎行。

人人都有自尊心，哪怕是小小的孩子，也绝不愿意被人侮辱，更不愿意被人藐视，所以，在拒绝他人时，哪怕你面对的是三岁的小孩，也要顾及对方的自尊心和感受，绝不能肆意践踏对方的尊严。人一旦进入社会，就成为社会的一员，有自己的地位、身份和职务等。大多数人受到自尊心和虚荣心的驱使，都很关心他人对待自己的态度，活在他人的阳光里。根据他人对自己的评价等，人们也会作出相应的调整，绝不愿意被人藐视。其实，这完全是人的本能需求，既希望被肯定，也希望得到他人的赞赏，而不愿意被否定，更不想被他人拒绝，所以，中国社会历来是人情社会，很多人求人办事的时候，总是说“给我个面子”，这句话听起来轻飘飘的，实际上很沉重。一旦他人说出这句话，就把你是否帮助他与你是否瞧得起他挂钩了，你千万不要不把这句话放在心上，更不要对这句话不以为然、还是照常不给他人面子。

当然，每个人都能力有限，而且有自身的实际情况需要考虑。所以，我们就算能力再强，也不可能因为他人的一句“给我个面子”，就随随便便答应他人的请求。一则为了他人为难自己犯不上；二则如果哪个地方没做好，很有可能出力不讨好。所以，哪怕别人说了这句让我们内心沉重、感到为难的话，我们也依然要尊重自己的心意，按照自己的本心决定帮还是不帮。如果帮，当然皆大欢喜；如果不帮，就要考虑好如何拒绝才能顾全对方的颜面，不至于让对方从此与我们大路朝天、各走一边。

一直以来，诸如学校这种单位，都很讲究资历。这不，前段时间，学校要分房子，很多资历差不多的老师都递交了资料。众所周知，如今房子是紧俏的商品和最大的福利，所以没有人想错过这个机会。为此，符合条件的老师都郑重其事地申请，大致符合条件的老师也抱着侥幸心理，递交了申请材料。学校领导为此制定了一系列标准，就是为了严格区分老师们的不同资历，尽量做到公平公正。

张老师三十八岁了，在学校里还算是小年青。不过，他正准备结婚，虽然各方面条件还差一点儿，但也递交了资料。当然，表面上的事情做好之后，张老师也不忘私底下努力活动，游说各方，和其他条件还不太够的老师只想侥幸分到房子不同，张老师抱着必得的信念。这不，周末的时候，他带着厚礼来到校长家里。校长当然知道张老师的来意，因而赶紧把礼物放在门口，让张老师走的时候再拿上。张老师才说了几句，校长就委婉地说：“小张，我也知道你的情况困难，如果放在早些年，当然我完全可以照顾你一下，毕竟当时房子不值钱，有房子住的人也从来不想着折腾房子的事情。但是时代不同了，大家现在都盯着房子，一个萝卜一个坑，每一个符合条件的人都绝不会放弃。所以我只能说，如果有些符合条件的人不要房子，然后按照各项条件打分之后能排到你，那么我一定全力支持你。否则，我也不敢触犯众怒啊，毕竟学校里这一千多名教职工都看着呢！”校长这么说完全在情理之中，张老师也无法反驳。校长接着说：“其实你可以和你爱人说说，最近几年嘛，学校的政策应该不会改变。这次分到房子当然好，要是分不到，也可以等下次。到明年的时候，那些老资历都有房子了，你肯定排名就很靠前了，分到房子的希望很大。”说到这里，校长也仁至义尽了，张老师识相地告辞，毕竟分房的一切工作都是公开透明进行的，他也只能让校长知道他的情况，在权限范围内照顾他一些。

作为老领导，校长并没有对张老师的不情之请有什么异议，相反，他很清楚张老师的情况，也最大限度地表示理解，这让张老师感受到校长的理解和体贴，哪怕是被拒绝了，也不至于怨恨校长。当然，校长也很聪明，深谙人际相处之道，他先是肯定张老师的需求，接着摆事实讲道理，说明自己的为难之处，从而让张老师也能体谅自己的难处。

在人际交往中，不管我们能力多么强，也不管我们因为什么原因拒绝帮助他人，我们都要摆正心态，绝不要在拒绝他人时颐指气使。常言道，三十年河东，三十年河西，我们谁也不知道自己有朝一日是否会有求于被我们拒绝的人。唯有在拒绝他人时宽容和善，尽量得到对方的体谅，才能让拒绝的伤害减小，才能赢得他人的尊重。

拒绝也可以一团和气地进行

不得不说，有些人的确没有眼力见儿，一心一意只顾着自己，而根本看不到别人的辛苦和忙碌，所以经常会对他人提出不情之请，使他人感到进退两难。答应他们的请求吧，自己会很难办，拒绝他们的请求吧，也许会惹恼他们，从此之后连朋友都做不成了。其实，如果对方对于你合情合理的拒绝无法接受，反而埋怨你不帮忙，那么这样的朋友也根本不值得珍惜，因为他们太自私，只活在自己的世界里。如果这次不拒绝，下次他们有可能会变本加厉地提出不合理的请求，结果依然是分道扬镳，老死不相往来。而你又不能迁就他们一辈子，何不就此一拍两散，再也不烦扰对方呢？

当然，有些人之所以考虑欠周到，并非因为不懂得世道人情，也许是遇到事情就糊涂了，所以病急乱投医，不管面对谁，都想试试看能否得到帮助。所谓救急不救穷，这种情况下，如果条件允许，我们可以帮助他们；如果条件不允许，也要和气地拒绝他们，切勿声色俱厉，使没有得到帮助的人伤心而去。

很多人都不好意思拒绝他人，就是因为害怕拒绝的话会伤害他人的心，也使得人际关系破裂。其实，还是有办法能够委婉拒绝他人，并保护他人的自尊心不受伤害的。首先，大多数求助于他人的人都会自觉低人三分，自尊心也变得敏感脆弱。这时，我们一定要好言好语地拒绝对方，千万不可表现出自身的优越，更不可肆无忌惮地对对方说：“我能帮你，但我就是不想帮你。”在别人突然来求助而你不知道如何回绝时，可以先试一个拖延的方法，让拒绝一团和气地进行。例如，有人向你借钱，那么你可以告诉他你的钱都在基金里，基金要一年定期才能取，现在还剩下半年多。要是对方能等，你很愿意帮忙。大多数借钱的人都是急用钱，你这么说了，对方自然也就知道了你的意思，不管你的钱是真的在基金里还是假的在基金里，你都达到了拒绝的目的。

如果在职场上被人求助，那么拒绝会显得更加顺理成章。毕竟职场关系复杂，哪怕你是领导，很多事情也不是你一个人能说了算的。所以，当下属请你帮他调换部门，或者让你给他换一份工作时，你完全可以说：“我这边当然是没问题的，不过你也知道，整个公司牵一发而动全身，也许上级领导会考虑得比咱们更周全，不会轻易准许调动。不过我可以帮你申请，等有了结果，我一定及时通知你，你看如何？”这么一说，对方自然知道一味地催促你也没有用，还需要你去协调才可能有结果，因而一定会对你千恩万谢，把希望寄托在你的身上。等到一段时间之后事情变冷了，当对方再问起你的时候，你告诉对方上级领导不主张人员调动，事情也就到此结束。

作为公司的新人，婷婷的表现无可指摘。她每天除了完成自己的分内工作外，如果看到哪个同事需要帮忙，还会主动分担同事的工作。然而，日久天长，大家都渐渐习惯了有事情就找有求必应的婷婷，导致婷婷连正常下班都做不到了。尤其是谈了男朋友之后，婷婷更想多一些私人时间，因而决定想一个办法，让大家知道她不是任何人的替补和备胎，不要把所有工作都推给她。

周五晚上，婷婷正准备收拾收拾下班，策划部的小王突然抱着一摞文件走过来对婷婷说：“婷婷，辛苦你一下，帮我把这些文件检查一遍吧！”说完，小王把文件往婷婷桌子上一放，就准备离开了。婷婷鼓起勇气，赶紧笑着说：“不好意思，如果你的文件不着急，我周一上班帮你看。这个周末，我和男朋友约好去他家见父母，现在就要出发，周日晚上才回来。”听到婷婷的话，小王明显表现出不高兴，不过婷婷就当作没看见，因为她真的不可能把整个周末都搭上。无奈之下，小王只好把文件抱走了。婷婷还冲着小王的背影喊道：“不好意思啊，有了男朋友就是麻烦，所有的私人时间都不属于自己了。”后来，再有同事理直气壮地来要求她帮忙，婷婷就想出各种借口拒绝，渐渐地，同事们也就习惯了自己的工作自己做了。

在这个案例中，婷婷一开始过于好心，结果导致同事们习惯成自然，遇到任何做不完的或者不想做的工作都会推给她。然而，婷婷也有自己的私人生活，也需要私人时间。退一步而言，她初入职场时勤快一些是没错的，但是随着能力的提升，自己的工作任务也必然越来越重，如何能够继续惯着同事们这个坏毛病呢？不过，婷婷知道自己也没有必要为此和同事们闹得不愉快，所以在拒绝小王的时候满脸堆笑，让理直气壮来找她帮忙的小王什么也说不出来。直到小王走了，婷婷还故意在小王身后喊了一句，其实是为了告诉办公室里的其他同事，以后不要给她增加额外的工作了。这种聪明的办法既达到了拒绝的目的，也让其他同事意识到婷婷的改变，更帮助婷婷成功拒绝了小王，可以一举数得。

除了被人求助之外，很多时候，我们还会接到意外的邀请，这种千万不要当即同意，除非你确定自己很想参加也一定有时间参加各种活动。聪明的人会说：“我当然很愿意参加，不过我不确定自己那天有没有安排。这样吧，我先看下日常安排表，然后再给你一个准确的答复。”这么一说，既可以避免对方当即就要得到我们的答复，也不至于因为盲目答应再回绝引起更大的尴尬。

在生活和工作中，我们时常会面对各种各样的情况。每当这时，唯有巧妙拒绝，才能既照顾到自身的情况，也不至于伤害他人的面子，一举两得。

以子之矛攻子之盾

曾经有个人在集市上卖矛和盾。他拿起自己的矛，大声吆喝着："快来看啊，快来看啊，这里有世界上最尖锐锋利的矛，能刺穿一切的盾。"大家都围过来看矛，他又拿起盾喊道："快来看啊，快来看啊，这里有世界上最结实的盾，任何矛都无法将其穿透。"这时，围观的人问他："那么，用你的矛来攻击你的盾，结果将会如何呢？"他被问得哑口无言，在人们的哄笑声中收拾起矛和盾，灰溜溜地走了。以子之矛攻子之盾的故事，让我们知道了说话的时候不能自相矛盾，否则必定无法自圆其说。

其实我们可以把这种方法用到拒绝他人上，用他人的话拒绝他人，这样他人就无法反驳，只能哑口无言地接受我们的拒绝。这就像是球场上的回旋球，是让人很难接到和应对的，也足以使对方"哑巴吃黄连——有苦说不出"。当然，以子之矛攻子之盾并非一件简单容易的事情，需要我们具有足够的智慧，才能把他人抛过来的问题再踢回去。

一天，赵凯从朋友那里借到了一部高档照相机，原来，他准备去旅游，想要拍照片。赵凯一边走一边研究照相机，不想这时曹伟迎面向他走来。因为摆弄相机太过专心致志，直到曹伟站在赵凯前面挡住他的去路，赵凯才猛地一抬头。看到曹伟，赵凯心中一惊，他很清楚曹伟最喜欢用别人的东西，不管见到什么新鲜玩意儿，就算抢也要抢回家去霸占几天。赵凯很担心自己的照相机，毕竟这是朋友的东西，是高档货，要是弄坏了或者弄丢了，后果就严重了。果不其然，曹伟开始软磨硬泡地向赵凯要照相机，赵凯灵机一动，对曹伟说：“我可以借给你，但是这个照相机很贵重，而且是我朋友的，你必须保证绝不借给其他人，行吗？”曹伟一心一意只想拿到照相机，根本没想到这是个语言陷阱，因而当即答应：“放心吧，这是跟你借的东西，我怎么能再借给别人呢？”没想到，赵凯正等着他说这句话呢，只见赵凯狡黠地一笑，说：“你这么说还真提醒我了，我的照相机也是借朋友的，而且我答应过他绝不再借给别人了。所以哥们儿，对不住，咱们都要当守信的人。”听到赵凯用自己刚刚说过的话来拒绝自己，曹伟只有大眼瞪小眼的份儿，也不好意思再抢了。

现实生活中，很多人都很困惑，难道我们每次拒绝别人的时候都必须想出合理的理由，而且要把话说得让对方哑口无言吗？的确如此。敢问，有哪个人没有求过别人帮忙呢？既然你也曾经求过别人帮忙，那就不要在拒绝他人的时候横挑鼻子竖挑眼睛的，更不要让他人下不来台。要知道，今日是你拒绝他人，明日也许就是他人拒绝你，所以，一则为了尊重他人，二则为了给我们自己留条后路，不要总是态度粗暴地拒绝他人。

在人际交往中，我们平日里对待他人要做到热情友善，而且要在力所能及的情况下帮助他人。这样，当你无奈地拒绝他人时，他人才会理解你体谅你，知道你的确是无能为力，才会拒绝他们的。其次，如果我们的确因为自身能力有限而无力帮助他人，一定要坦诚相告，而且要积极主动地帮助对方想其他的解决办法，这样对方才知道你真的心有余而力不足，不至于对你产生误解。最后，并非所有的情况都适合迂回曲折地拒绝，很多时候，我们要根据事情的发展情况和求助人的情况，选择直截了当地说“不”。如果我们含糊其词，给了对方一定的希望和期待，那么，等到时间拖久了再去拒绝对方，对方一定会因为我们耽误了事情而心怀不满，甚至埋怨和憎恨我们，这就得不偿失了。总而言之，每个人都有自己的脾气秉性，我们也要根据现实情况随机应变，如此才能更好地完成拒绝这个艰巨的任务。

抬高对方，让拒绝不那么难堪

无论如何，拒绝都不会使人愉快。尤其是对于求助者而言，当他们带着希望而来，却满怀失望而归，心中的失落是必然的。这种情况下，我们在拒绝他人时，应该尽量先说些使人高兴的话，然后再说那些拒绝的话，让对方先保持愉快的表情，哪怕后来被拒绝，也不好意思直接变脸，只能继续保持高兴的表情听下去，这样一来，现场的气氛就不至于太尴尬。当然，被拒绝的人也不傻，肯定知道你的意图，所以这种方法适合于拒绝那些我们原本就不喜欢、不待见的人。

对于我们尊重且不想伤害的人，我们可以采取抬高他们的方式，让他们感到高兴，不至于因为被拒绝而郁郁寡欢。毕竟人的本能就是趋利避害，人人都想听到好听的话，而不愿意听到使自己难过的话，这正是所谓的先甜后苦，让人先尝到甜头，哪怕他们后来因为被拒绝而感到郁闷，也因为你的抬高而必须做出与你对他们的赞美相适应的事情。这样一来，拒绝自然不至于引起尴尬和不愉快，至少能够保持表面上的和谐。

从前，有个叫金本一郎的年轻人从事写字楼的生意，每天都要拜访各种各样的大老板、投资人等，然后再极力说服他们购买写字楼。一天，金本一郎来到一家知名企业，拜访大名鼎鼎的企业创始人本田君。对于金本一郎的滔滔不绝、口若悬河，很有涵养的本田君始终没有打断。好不容易等到金本一郎说完了，本田君依然面带微笑地站在那里，笑而不语。金本一郎很纳闷，又不敢问，生怕听到的依然是拒绝的话。这时，本田君拿起办公桌上一种和纤维很像的物质给金本一郎看，问道：“你知道这是什么吗？”金本一郎摇摇头。

本田君也开始滔滔不绝地说起来，向金本一郎介绍这种他们公司新研发出来的物质，而且讲述了这种物质即将被用于生产和生活的哪些领域。他口若悬河地讲了十几分钟，金本一郎就一头雾水地站在那里。最终，本田君向金本一郎伸出手说：“很高兴认识你，也很感谢你听我说这种材料。对了，我对买写字楼不感兴趣，你可以把它们推销给更需要的人。”就这样，金本一郎灰溜溜地离开了，心里还有些懵懂，不知道到底是怎么回事。

实际上，本田君还是很善良的，他没有打断金本一郎的讲述，也没有态度粗暴地对待金本一郎，而是很尊重金本一郎，为了缓和金本一郎的情绪，还主动把自己公司的新产品介绍给金本一郎。只是丈二和尚摸不着头脑的金本一郎无论如何也没有想到，这是本田君拒绝他的方式。

生活中的很多时候，当人们意见不同时，就会产生激烈的争执。争执的最终结果或者是一方妥协，或者是最终谈崩了，彼此闹得不愉快。明智的人知道，话不投机半句多是正常现象，更没有必要为了所谓的问题而与他人吵得不可开交。所以，在表达不同的意见或者观点以及表示拒绝的意思时，他们也许会说些无关紧要的话，类似于人们常说的“扯闲篇”。等到对方放松警惕、情绪舒缓时，再被拒绝，就不会那么难以接受，也不会激动不安了。

贬低自己，从而降低他人的预期

等他人把请求的话说出口再去拒绝，毫无疑问，无论采取怎样的方式，都会使对方觉得丢面子，并感到沮丧绝望，毕竟被拒绝绝非好的感受和体验，也无法使人变得愉快。那么，如果我们提前知道他人的来意，是否可以通过某种方式让对方把请求的话咽进肚子里，而不要随随便便地说出来呢？这当然可以。

拒绝他人的方式多种多样，既然可以抬高他人，当然也可以贬低自己。面对他人的欲言又止，如果我们能够猜透对方的来意，及时贬低自己，那么也许可以避免让对方把请求的话说出口，这样一来，也就很好地保全了对方的颜面，让对方少受到伤害，自己也能全身而退。当然，凡事皆有度，贬低自己也要适度，千万不要无限度地贬低自己，这样做会得不偿失。有的时候，还可以采取开玩笑的方式贬低自己，这样半真半假，亦真亦幻，更能协调气氛，让一切都显得非常友好。

心理学家经研究证实，在现实生活中，很多人都曾有意识地装疯卖傻，以此保护自己。诸如在职场中，面对上司的批评，很多职场人士会选择如同没听见一样，也会选择不知所云。当然，也有一些人是无意识地使用这种方法保护自己，看起来简直真的有些傻乎乎，让其他人没办法和他们计较。不得不说，装疯卖傻是贬低自己的好方式之一，而且效果很不错呢！

大学毕业后，乔乔和静静这对好朋友就分道扬镳了。乔乔回到家乡，成为一名教师；静静则去了大城市，想要打拼出自己的天地。转眼之间，五年过去了，乔乔找了个男朋友，准备结婚。然而，在买婚房的时候，尽管他们两家七拼八凑，还是没有凑够钱，而乔乔又不想贷款买房。思来想去，她想到了静静。

乔乔和静静已经许久没联系了，她当即拿起电话拨给静静。电话那头传来静静熟悉的声音，乔乔聊着聊着说起自己要买房的事情。静静很敏感，意识到乔乔可能要和自己借钱，因而当即把话说在前面，以免等乔乔说出了借钱的请求再拒绝，导致彼此尴尬。静静向乔乔诉苦：“乔乔，你可真好，都要结婚了，房子也买了。我跟你说，我现在特别后悔当初放弃分配好的工作，不然我现在就和你一样朝九晚五，旱涝保收，也不至于承受这么大的压力，至今还漂着。你知道吗，你在家里每个月挣三四千块钱，还能攒钱呢，我在这边一个月八千多的收入，却是个‘月光族’，有的时候还要靠透支信用卡生活。”乔乔很惊讶，问：“你一个月挣八千多啊，怎么还入不敷出呢？”这下子可打开了静静的话匣子，静静叫苦不迭地说：“大城市虽然工资高点儿，但是开销也很大呀！比如我吧，现在和同事合租一套两居室，每个人要付三千多的房租。每个月的交通费和饭费，至少要三千。这样我也就剩下一千多块钱了。不能生病，上个月我感冒一次花了两千多，差点儿破产。要是想省钱，就要住到连手机信号都没有的地下室里，一个月也要一千多的房租呢！我就想吧，反正我一个人，父母也不需要我养活，我就月月光。每个月到了月末剩的千把块钱，同事们都攀比穿衣打扮，我就用来买衣服，买化妆品。所以这也就是你买房，还真不错，能拿出这么多钱，要是我买房，我可是连五千块钱都没有……”听到静静这么说，哪怕乔乔再没有眼力见儿，也不可能再张口借钱了。乔乔还暗自庆幸呢：幸好我没有张口借钱，不然也借不到钱，还显得我过得不好。

静静很聪明，她一个人在大城市生活，手里当然要留下一些钱应急，所以，即便她只有几万块钱，也买了理财和基金，赚取小小的利息，需要用钱的时候也不至于抓瞎。另外，静静在大城市生活，思想观念开放，觉得要想买房肯定要贷款，哪里有借别人的钱买房的呢？这是她不愿意借钱给乔乔的本质原因。而她的自我贬低，于无形中拒绝了乔乔，而且乔乔丝毫不感到尴尬，更不会因为静静没有帮上她的忙而生气，她反而因为静静过得不好很同情静静呢！

在拒绝他人的时候，要想达到拒绝的目的，适当诉苦并不丢人。毕竟家家都有本难念的经，每个人对于生活也有自己的烦恼。我们唯有坦诚自己的实际情况，在他人还没有开口求助的时候就打消他人的念头，才能将拒绝对他人造成的伤害降到最低。如果一个人一边吹嘘自己多么有钱有实力，一边又拒绝朋友的请求，还如何让朋友理解和体谅他的苦衷呢？

让人转达拒绝之意

就像赞美一样，第三者传达的效果总是最好。同样的道理，为了避免当面拒绝他人的尴尬和难堪，我们也可以让第三者传达拒绝之意，这样一来，被拒绝的人不必和拒绝的人直接见面，显然会更容易接受。但是，这个方法要想成功，有一个非常重要的前提条件，即这个作为传话筒的第三者必须是值得信任的人，而且对于双方都有一定的了解。很多人求助于他人时完全是为了私事，并不想尽人皆知。在这种情况下，如果被求助者直接把拒绝之意让第三者代为传达，那么被拒绝的人难免觉得丢脸，甚至觉得有伤尊严。所以，作为拒绝他人的人，我们必须仔细斟酌，选择最适合当传话筒的人，这样才能成功表达拒绝之意，而且绝不伤害对方的自尊心。

还有一种叫假借他人之口的拒绝方法。面对别人的请求，如果别人明明知道我们是有能力帮忙的，我们还如何拒绝呢？睁着眼睛说瞎话？要知道，那些能开口向我们求助的人往往都是与我们关系比较亲密且非常信任我们的人，所以说瞎话显然不可能。这时，不如假借他人之口，委婉表达拒绝之意，只要对方知道你一个人无法作决定，便不会对你心生抱怨。

有一次，老宋把车子借给别人开，结果对方在高速公路上险些出了车祸。还有一次，老宋把车子给小舅子开，小舅子发生了严重的剐蹭。后来，老宋就决定不把车子借给任何人开了。但是在单位里的时候，总有些不懂事的小年青向老宋借车子开。

这不，就在刚才，小王找到老宋说：“宋哥，车子给我开下呗，我想去接下女朋友。”老宋有些为难地看着小王，说：“兄弟，不是我不借车子给你开，但是车子以前借出去发生过剐蹭，很麻烦。从此之后，老婆给我下了死命令——任何时候，车子都不许借出去。请你体谅我哈，我不能因小失大，惹恼了老婆可不是好玩的。”说完，老宋抱歉地抱拳，小王当然也知道车子事关重大，因而给自己找了个台阶下："的确，车子借出去安全无事故还好，如果有一点小小的事故，就真的很麻烦。你老婆说得有道理！"

有个年轻的销售员每次外出推销公司的产品，总要请客户吃饭。为了把客户陪好，有一次他都喝得胃出血了，身体严重受损。后来，他再请客吃饭的时候，就会买好酒让客户尽情地喝，而他自己喝到五分醉意，就再也不喝了。当然，客户也不会轻易放过他，总是缠着他来个一醉方休。后来，他想出了一个好主意，说："老兄，你一定要原谅我，体谅我，要知道，我的媳妇是个'母老虎'，要是我喝醉了回到家里，肯定连门都进不去，还要在门口跪搓衣板呢！"客户听到年轻人的话，不由得哈哈大笑起来，都觉得年轻人坦率得可爱，也就不再逼着他喝酒了。

现代社会，男人怕老婆已经不再是什么秘密，也没有什么好丢人的。所以，老宋借老婆之口拒绝小王借车子的请求无可厚非，而且顺理成章。假如老宋说出这番话来，小王还是坚持借车子，那么就是小王不懂事，接下来大可直接拒绝。在第二个案例中，年轻的推销员都喝得胃出血了，如果不多多注意，身体必然越来越糟糕。幸好他足够聪明机智，所以想出家里有"母老虎"的借口拒绝客户，对于每一个有老婆的人而言，肯定都能够理解他的苦衷，也就不会继续纠缠他喝酒了。这可真是个好办法！

生活中，即使再聪明机智的人，也难免会遇到无法应付的棘手情况。每当这时，如果不好直接拒绝，就假借他人之口拒绝，一定能达到很好的效果。而且，我们借助他人之口说出拒绝的话，他人还不好意思直接生我们的气、冲着我们来，这样也就避免了我们与他人直接起冲突，从而让拒绝更加顺利。

第 07 章

求人办事厚脸皮，话说到位事才能成

在生活和工作中，一个人即使能力再强，也不可能面面俱到。所以，人生在世，难免要求人，毕竟每个人擅长的方面不一样。所谓尺有所短，寸有所长，当我们需要用得着他人时，就应该脸皮厚一点，毕竟他人不可能对我们有求必应，所以，我们要想得到他人的帮助，必然要想方设法，诸如把话说得打动人心，或者以情动人，以理服人，这些都是求人办事的好办法。

以情动人，别人才能有求必应

即使再幸运的人，也不可能令所有人都对其有求必应，所以，在求人办事时，我们首先要作好心理准备，意识到自己有可能被拒绝，这样我们才能更好地求助于他人。有的时候，他人对于我们的请求甚至会不假思索地直接拒绝，这种情况下，我们当然会感到突然。也有的人会敷衍了事，对我们的请求根本不放在心上。其实，对于我们很重要的事情，对于他人而言往往可能只是不值一提的小事，所以，我们要想得到对方的鼎力相助，最好的办法就是以情动人，激起对方心中的同感和共鸣，这样才能得到对方的关注，甚至得到对方心甘情愿的帮助。

现实生活中，很多人虽然智商很高，情商却很低，因而他们在求人办事时总是从自己的立场出发，自以为是，从不考虑他人的感受和为难的地方。如此一来，他们必然时时处处都以自我为中心，也无法从自己的狭小圈子里跳脱出来，以致惹得他人不高兴，此时，他人当然不会有求必应地帮助他们。人是感情动物，任何时候都离不开“情”字当头，唯有以情动人，才能成功打动他人的心，让他人更愿意帮助我们。

在经济危机时期，整个美国的经济都很低迷，所以失业情况非常严重，很多年轻人始终找不到工作。艾米从小就家境穷困，父亲去世后，母亲一个人艰难地抚养她和弟弟长大，因此她离开学校之后就迫不及待想要找到工作，挣钱养活自己，也替母亲分担一些经济方面的负担。艾米找了好几个月的工作，才进了一家首饰店，成为销售员。

艾米非常珍惜这份工作，每天都早早地去店里，打扫卫生，擦拭柜台，力争给老板留下好印象。圣诞节前夕，天上下起了大雪，艾米比往常更早地来到店里，此时，街道上还空空荡荡的，几乎没有人。艾米打开店门，找出一些防滑的垫子铺在地上，然后开始拿起干净的毛巾擦拭柜台。正当她把一盒戒指拿出来准备擦拭时，街道那边走过来一个脏兮兮的男人。这个男人看起来蓬头垢面，形象很差，而且眼睛显得很呆滞，总是直勾勾地看着前方。原本艾米觉得这个男人只是路过，却没想到他径直推开门，走到柜台前。艾米觉得很紧张，因为很多人都是因为穷极而生恶，走上了犯罪的道路。正当艾米精神紧张的时候，电话铃突然响了，艾米一激动，居然失手打翻了戒指的盒子。等到手忙脚乱地接完电话，艾米赶紧收拾散落的戒指，这时，那个男人快走到门口了，艾米突然发现少了一枚贵重的珠宝戒指。那一刻，艾米脑海中一片空白，她当然知道那个戒指此刻一定在那个男人手中，但是她只身一人在店里，而且街道上连个人影都没有。思来想去，艾米柔声对那个男人喊道："您好，先生，请稍等片刻。"男人停下脚步，正准备拉开门的手就那样悬在那里，艾米小声说："先生，现在找工作很难，您知道，我花了好几个月的时间才找到这份工作。我从小失去父亲，是母亲含辛茹苦把我和弟弟抚养长大的，我想把这份工作做好，我想报答母亲……"艾米说着，情不自禁地啜泣起来。男人缓缓地转过头，说："你会把这份工作做好的。"说完，男人转身走向艾米，并且向艾米伸出手。艾米赶紧迎过去，也伸出手，在与男人握手之后，艾米连声感谢，因为那枚戒指此刻正安安静静地躺在她的手心里。

对于一个穷急了眼的人，如果艾米直截了当地指责，很有可能会让对方穷凶极恶，恨不得把艾米打倒在地，甚至可能引发恶性事件。而艾米的目的就是要回那枚戒指，保住自己的工作，为此她采取了非常柔和的方式，诉说自己的悲惨身世，激发起男人的同情心，让男人主动把戒指还给她。艾米最终做到了。艾米的表达真诚质朴，成功激发起男人的同情心，使接下来的事情水到渠成。

现代社会，每个人都承受着巨大的生活压力和工作压力，要想得到他人的帮助，当然是很难的。唯有掌握一定的技巧，学会以情动人，真正打动他人的心，让他人主动帮助我们，我们才能让生活更顺利，让人生顺遂如意。

与他人产生共鸣，让他人主动帮你

在求助于人的时候，固然有很多语言表达的技巧能够帮助我们达成心愿，但是，要想得到他人的帮助，归根结底，必须引起他人的共鸣，才能让他人心甘情愿地帮助我们。在人际交往的心理学中，所谓“心理共鸣”就是以情动情、以心换心的交往方式。当然，这种方式对于人们提出更高的要求，是直指人心的人际相处方法，不但能够使人与人之间心意相通，变得亲近，也能够帮助我们顺利得到他人的帮助，从而如愿以偿地获得成功。

当然，人与人彼此之间原本就是有共同语言的。然而，要先引起心理上的共鸣，还需要掌握说话的技巧，掌握人际相处的艺术，这样才能让心与心贴近，情与情共鸣。例如，当你有求于人时，最好不要说那些他人不愿意听的话，尤其要避开他人的禁忌，避免惹怒他人。聪明的朋友总是说些他人感兴趣的话，或者提前对他人有一定的了解，从而让交谈更加有的放矢。那么，到底哪些话题更容易引起对方的兴趣，能够让对方与我们产生共鸣呢？我们既可以从对方的兴趣入手，也可以从对方的得意之事说起，还可以以各种理由拉近与对方的关系，比如，彼此是校友，或者是老乡，或者老公是同一个地方的人，或者父母曾经在相近的地方上山下乡。总而言之，只要我们愿意，且足够细心，还是可以找到合适的方式与对方变得亲近的。

早在年轻时候，伽利略就立志要从事科学工作，然而，他的父亲并不希望他当科学家。为此，伽利略很想得到父亲的支持。

有一天，伽利略突然问父亲："父亲，当初您为何要选择和母亲结婚呢？"父亲毫不犹豫地回答："当然因为我喜欢她。""那么，"伽利略沉吟道，"除了母亲之外，你可曾爱过其他女人呢？"父亲斩钉截铁地说："当然没有。当初，我的父母要求我娶一位门当户对、家境富裕的女人当妻子，我直接就拒绝了。在这一生之中，我唯独爱过你的母亲。"伽利略感慨道："啊，真是伟大的爱情！即使如今母亲已经老了，她也还是那么优雅美丽，风韵犹存。您爱母亲，所以您一定不嫌弃她的日渐苍老吧！"父亲点点头，说："你的母亲永远是我心目中最美丽的女人。"伽利略感慨地说："父亲，我也和您一样爱上了一个……"父亲以为伽利略有了喜欢的女孩，不由得兴奋地看着伽利略，伽利略却坚定地看着父亲说："对，我的确爱上了——科学。我对科学的热爱就像您当初爱上母亲一样，义无反顾，绝不后悔。而且，除了科学之外，我这辈子再也不想从事任何其他的职业。"父亲有些困惑，伽利略直接告诉父亲："这一生，我宁愿没有心爱的女人，也不能与科学分开，您了解我的心意吗？”看着伽利略灼热的眼神，父亲最终同意了伽利略学习科学。但是父亲没有足够的钱供养伽利略，因此显得很为难，伽利略说：“我可以申请奖学金，而且您在佛罗伦萨有很多朋友，我相信他们都愿意帮助我。比如，奥斯迪罗公爵，他很欣赏我的能力，只要您开口，他一定愿意帮助我……”在父亲的引荐下，伽利略最终完成学业，成为一名伟大的科学家。

在倪萍组织的寻亲栏目《等着我》中，有个姓袁的女孩来寻找曾经资助自己和弟妹们完成学业的恩人袁伯伯。当初，女孩失去父亲，母亲一个人要拉扯他们兄弟姐妹三人，生活非常艰难。为此，女孩写信给一位陌生人——袁伯伯，当初想着是同姓，很有可能得到帮助。后来，这位袁伯伯的确对她慷慨解囊，在九几年的时候每次都资助她三千元，正是靠着这笔巨款，他们兄弟姐妹才能得以继续上学。在《等着你》栏目组的努力下，女孩终于见到日思夜想的袁伯伯，终于可以了却心愿，亲口对袁伯伯说一声“谢谢”。当倪萍问起袁伯伯当初为何决定资助女孩时，袁伯伯说了一个非常平实的理由。原来，袁伯伯从小就是孤儿，所以曾经度过非常艰难的人生岁月。在听到女孩说父亲去世、母亲艰难维持家庭时，他一下子就想起自己过往艰难的人生。再加上女孩与他同姓，所以他很愿意帮助女孩。

在第一个案例中，伽利略之所以能够说服父亲同意他学习科学，就是因为他从父亲最引以为傲的爱情说起，让父亲深刻了解他对科学的热爱和感受，最终改变心意支持他。是感情共鸣的力量，让伽利略顽固的父亲彻底改变。在第二个案例中，感情共鸣的作用更加明显。袁伯伯之所以决定资助素昧平生的女孩，就是因为女孩的讲述引起了他的共鸣，让他想起了自己的人生经历，因而他对女孩的艰难更加感同身受，当然也就愿意伸出援手。由此可见，要想求助于他人，共鸣的作用是不容小觑的。

当然，在试图引起他人的共鸣时，我们也要讲究方式方法，尤其应注意要循序渐进。首先，在最开始交谈的时候，我们切勿生硬地切入主题，而是要循序渐进，先以不相关的闲话引入，以不至于显得突兀。其次，在闲谈之后，要巧妙地把话题引到自己的身上，衔接越是自然，效果就越好。再次，要切入正题，唯有抓住时机，恰到好处地提出自己的观点和意见，才能表明自己的态度，让他人更了解我们的主张。最后，针对前面的一系列工作，我们要明确提出自己的要求，从而让他人更加理解我们的言行举止，并体谅我们的选择和决定。如此完整的过程，才能让“心理共鸣”进展顺利，达到预期的效果。在现实生活中，当我们想要得到他人的帮助时，不如按部就班地实施这种方法，从而如愿以偿，让自己得到帮助。当然，任何事情都会有特殊的情况发生，我们也不能一味地照搬方法，而要根据现实情况及时调整，找到最好的方法引起他人的共鸣。

无利不起早，求人帮忙晓之以利

现实生活中，每个人都想成就事业、获得成功，然而，一个人就算能力再强，如果只靠单打独斗，也是不行的。尤其是现代社会崇尚合作，每个人只有融入团队之中，为团队贡献出自己的一份力量，才能更好地完成工作，获得成就。所以，我们要学会借用他人的力量，也要学会四两拨千斤、使用巧劲。

曾经有位名人说，这个世界上没有永远的敌人，只有永远的利益。这句话告诉我们，在利益面前，人们甚至可以化敌为友，为了共同的目标不懈奋斗，更何况是与他人合作，帮助他人呢？在求人帮助时，我们完全可以利用人们的这种心理，以利益诱惑他人帮助我们，与我们建立良好的合作关系。合作共赢，可以说是人与人之间比较稳固而又长久的关系之一，一旦建立这种关系，就可以更好地与人合作，并如愿以偿地获得他人的协助和帮助。

曾国潘刚开始带兵的时候，纪律严明，对于下属要求特别严格。因此，在曾国藩的带领下，湘军以“扎硬寨、打死仗”在军队里闻名。曾国藩的各种观点都追求极致的完美，诸如“多条理，少大言”“莫问收获，但问耕耘”等，他也因此得到梁启超的赞美。不过，曾国藩对于下属很小气，每当向朝廷推荐那些得力干将的时候，他总是实话实说，从来不会夸大其词。这样一来，那些没有功劳的人在曾国藩口中从未得到一丝一毫的赞美和夸奖。长此以往，下属们浴血沙场，感到心不甘情不愿，也不想再拼尽全力了。对此，曾国藩毫不知情。

一天，曾国藩的弟弟曾国荃对曾国藩说：“哥哥，你在朝廷上总是吝啬夸奖兄弟们，所以兄弟们现在都有意见，在战场上也不那么骁勇善战了。你应该感觉得到，如今队伍的战斗力下降了。哥哥，你要知道，兄弟们未必有你那么高的境界，你要为兄弟们邀功，让他们得到眼前的利益，他们才愿意为你卖命啊！没有好处的话，谁还愿意抛头颅洒热血呢？”听了弟弟的话，曾国藩恍然大悟，从此之后，他这个理想主义者，只能屈服于现实，为兄弟们多多谋取福利了。

怎样才能得到他人的衷心拥护，从而拥有自己的铁杆队伍，立下赫赫战功呢？每一个征战沙场的人，最大的愿望就是能够赢得将士们的衷心拥护，然而，如果将士们得不到切实的好处，又不像首领那样有高尚的理想作为支撑，就很难把脑袋挂在裤腰带上去奋斗。正因为如此，曾国藩才改变，才不再纯粹以理想主义对待每一位将士，而是尽力为将士们争取更多的利益回报。

当然，人的追求是不同的，大多数人喜欢金钱和物质，也有人追求官运亨通，还有的人最想得到的是他人的赞许。针对不同的人，我们要从他们的理想和志向出发，许诺给他们想要的利益，这样才能激发他们的兴趣，从而让他们主动帮助我们，与我们达成一致。现实生活中，哪怕我们自身有着高尚的理想和志向，也不能要求他人和我们一样，毕竟每个人的追求不同，我们既要尊重自己，也要尊重他人，如此才能赢得他人的尊重，与他人之间建立良好的合作关系。当然，也许用利益驱动的关系不像纯粹的关系那么明净，但是亲兄弟明算账，如果我们把心放在正中央，合理分配利益，那么这种利益关系反而是最长远的。诸如香港首富李嘉诚，在与任何人合作的时候都会适当让利，从而让合作伙伴更信赖他，也更愿意与他合作。不得不说，正是这样的豁达，才使得李嘉诚有了今天的伟大成就。实际上，李嘉诚主动让利看似是吃亏了，但是不合作的话谁都无利可图，适当让利之后取得长久合作，反而能够获得更大的利益。所以，李嘉诚不是吃亏，而是赚了大便宜。朋友们，任何时候都不要为蝇头小利而与他人斤斤计较，唯有主动让步，才能获得长久合作，才能赚取更大的利益。

真诚感谢，才能再次得到他人帮助

大多数人在得到他人的帮助之后，都能及时真诚地表示感谢，然而生活中也不乏有些人总觉得他人对他们的帮助是理所应当的，所以，不管是求助于人时，还是得到他人的帮助之后，他们都从不觉得自己应该感谢他人。这样的表现，在关系亲密的人之间也许无甚大碍，但是在关系一般的人之前，日久天长，未免使人生厌，渐渐地，他们也就无法再得到他人的帮助了。退一步来说，哪怕是父母无私地爱着孩子们，在孩子们长大成人之后，父母也必然希望得到孩子的感恩。如果孩子对待父母总是颐指气使，父母当然也不乐意。可想而知，其他人更不可能像父母那样对我们无私地付出，所以我们完全没有理由觉得他人对我们所做的一切都是应该的。

对于每个人而言，当倾尽全力帮助他人之后，也许不奢求回报，但是如果连一句感谢的话都听不到，一定会很伤心。从心理学的角度而言，他们在心理上会受到伤害，甚至以后不愿意再那么热情地帮助他人。因为尽管他们从未想要得到回报，但是他们希望自己的价值能够被认可，自己的善良与好意能够得到感谢。人的本能之一就是寻求自我价值的实现，得到他人的帮助而不感谢他人，会在无形中伤害他们自我实现的愿望。因此，朋友们，在生活和工作中，不管得到他人怎样的帮助，都要真诚及时地感谢他人，唯有如此，他人在下次才会愿意帮助我们。否则，在你一次又一次的冷漠中，你的人际关系一定会急剧恶化，你也会失去更多的帮助。

很久以前，有一位父亲正在和朋友讨论工作上的问题。正当他们讨论得激烈时，这位父亲的小女儿端着一盘甜饼走过来。原来，这个甜饼是小女儿亲自为父亲烤制的。她迫不及待地想要送来给父亲吃。但是，父亲和朋友谈兴正浓，被女儿打扰之后，父亲看起来有些不高兴。父亲漫不经心地拿起一块甜饼，敷衍了事地对小女儿说："谢谢你，爸爸会品尝的。"说完，他就让小女儿出去了。后来，父亲继续与朋友交谈，却不知道小女儿正在伤心地哭泣。小女儿一边哭一边端着盘子里剩下的甜饼走出父亲的书房。这一切父亲都不毫不知情。

几个星期过去了，父亲完全不记得这件事情了。但是他很纳闷，因为他发现小女儿已经很久都没有烤制甜饼干了。为此，他问小女儿："宝贝，你为什么现在不烤制甜品给爸爸吃了呢？"他的话音刚落，小女儿就伤心地哭了起来。父亲很纳闷，小女儿委屈地说："以后我再也不想烤甜饼了。"从此之后，小女儿真的不再烤甜饼了，也从来不在家人面前提起关于甜品的任何事情。得知原因的父亲非常愧疚，正是因为他没有及时感谢女儿的用心，以致女儿受到了深深的伤害。

在这个案例中，女儿的甜饼看似不起眼，却代表了她对父亲深深的爱。父亲因为忙于工作，所以忽视了女儿对他的用心，却不知道这种漫不经心的举动深深地伤害了女儿的心，也让女儿无法实现自身的价值，感受到自己被父亲忽视。也许对于女儿来说，听到父亲一句真诚的夸赞，就是世界上最美好的事情。遗憾的是，女儿不再烤制甜饼，从此，她与父亲之间的感情交流失去了一个顺畅的通道。当然，这是父亲的过错，也是父亲的失误。任何时候，不管是对于家人、亲人还是朋友，我们都要在对方付出的时候及时表示诚挚的感谢。唯有当自己的价值被认可的时候，他人才会更愿意为我们付出，更感谢我们对他们的赞赏。要知道，有的时候，付出未必奢求回报，但是每个人都期待着得到炽热真挚的感谢，这一点毋庸置疑。

每个人都希望自己的努力是有价值的，自己的付出是能得到对方认可的。越是对于关系亲近的人，越是对于自己在乎的人，人们就越是在乎他们的看法和意见，以及他们无意间表现出来的态度。记住，诚挚的感谢并非丰厚的物质回报，只要让对方感受到他们的努力是有价值的，他们的存在对你来说很重要，你的感谢就达到了目的。通常情况下，我们可以从以下几个方面表达自己真诚用心的感谢。首先，我们的感谢要非常及时，这样对方就会在最初付出的时候知道自己的付出有意义，也很有价值。也可以采取一种委婉的说法，比如，告诉对方“如果不是你，我根本不可能完成这件事情”。这样一来，对方当然知道他的付出对你多么重要。此外，在语言表达的过程中，肢体语言也是非常重要的表达方式，有的时候甚至比书面或者口头语言更能够表达强烈且微妙的感情。例如，在很多球类比赛中，当队员们通过团体的努力和默契的配合获得胜利时，他们往往通过热烈的拥抱来表达对彼此的感谢和认可。在得到他人的帮助之后，我们也可以给予他们一个热烈的拥抱。当然，在中国传统观念的影响下，拥抱大多数情况下只能发生在亲密的人之间。如果是普通的关系，那么可以和对方握手。热情有力的握手，同样能让对方感受到你对他的认可和真挚的感谢。此外，就像赞美一样，有的时候，当面赞美的效果未必有背后赞美的效果好，感谢同样如此。如果我们不好意思直接向他人表示感谢，那么也可以在第三者面前表达对他人的感激之情。当第三者向他人传达我们的感谢时，他人一定会更深刻地感受到自身的价值得以实现，自己的好意得到了认可。

需要注意的是，根据感谢对象的不同，我们也应该采取不同的感谢方式。例如，感谢年纪大的人和感谢年纪小的人，必然要采取不同的方式。

对于老人的感谢，可以请他们进行一些有益身心健康的活动或者送给他们一些对身体好的保健品。对于孩子的感谢则可以随意一些，方式也不拘一格。例如，可以送给孩子们一些他们爱看的书，或者带他们去一次他们期待已久的游乐场，这些都是很好的感谢方式。在职场上需要感谢同事或者上下级时，也要根据对方的身份或者兴趣爱好有的放矢，这样才能尽量使感谢恰到好处。总而言之，每一个人的付出都不是无缘无故的。我们唯有真挚地感谢那些愿意为我们付出的人，让他们认识到自身的价值和不可或缺的重要地位，才能令他们对关于我们的付出无怨无悔。

过河不拆桥，让人心甘情愿帮助你

在现实生活和工作中，一个人即使能力再强，也不可能把所有事情都做得非常圆满。当能力不足的时候，我们就需要求助于他人，从而解决遇到的难题。每当这时，我们都会想尽办法求人帮助，哪怕是贬低自己或者暴露自己的弱点也在所不惜。前文介绍过很多如何才能顺利得到别人帮助的方法，接下来我们要说的是，在得到他人帮助之后，应该怎么做才能把事情做得更好，并让他人下一次还愿意帮助我们。

生活中总有些人“有事有人，无事无人”，也就是需要用人的时候才与人联系，不需要用人的时候就马上把人抛之脑后。毫无疑问，他们的确因此省去了很多维持人情的烦恼和付出，但是也会因为过于功利而失去很多朋友。举个最简单的例子，上一篇文章里说在得到他人的帮助之后一定要及时表示感谢，这是因为他人在帮助我们的时候也许并不期望得到回报，但是他们希望实现自身的价值，得到更多的认可和赞许。由此可见，及时而又真诚的感谢能够帮助我们更顺利地得到他人的帮助。

遗憾的是，有些人做人做事的方法恰恰与此相反。众所周知，人是感情动物，人与人之间的感情需要通过不断的维系才能加深。如果我们平日里很少和朋友交往，而唯独在需要帮助的时候才与朋友取得联系，甚至厚着脸皮向朋友寻求帮助，那么除非是曾经关系特别密切的朋友，否则我们很难如愿以偿。如果在得到朋友的一次帮助后，我们就把朋友抛之脑后，不但没有向朋友表示感谢，而且从来不想办法与朋友加深感情，那么，等到下次再需要帮助的时候，朋友一定会对我们的请求无动于衷。哪怕他们有能力，也不愿意帮助一个不知恩图报的人。常言道，滴水之恩，当涌泉相报，这句话告诉我们，对于他人的任何付出，我们都要倾尽全力回报。唯有如此，等到我们再次需要帮助的时候，他人才会不遗余力地帮助我们。

小张和小王是当年一起进入公司的新人。在长期的工作过程中，他们一起学习，一起进步，一起战胜工作中的困难，渐渐地适应工作。理所当然，他们成了好朋友。前段时间，小张在他人的介绍下认识了一个女孩。他很喜欢这个女孩，与这个女孩一见如故，相见恨晚。才谈了两三个月的恋爱，他们就决定结婚了。当然，结婚可不像恋爱那么简单，他们不仅要考虑婚礼的举办形式，还要考虑婚后住在哪里的问题。众所周知，如今买房子可不是那么简单的事情，一套房子动辄几十万上百万，甚至是几百万。尤其是在上海这个大都市，哪怕是买在郊区，也需要准备几十万的首付。为此，小张马上打电话给家里的父母四处借钱，自己也在办公室里向平日私交甚好的同事们借钱。作为小张的好朋友，依然单身的小王当然义不容辞，主动帮忙。不等小张开口，小王就把自己工作几年来积攒的几万块钱全都主动借给了小张。虽然几万块钱对于买房来说只是杯水车薪，但是小张万分感激。后来，小张因为工作原因离开了公司，渐渐地，他与小王的联系越来越少了。

转眼之间，小张已经结婚两年了，男大当婚的小王也谈了女朋友，准备买房结婚。小王想起自己还有几万块钱在小张那里，因而打电话给小张，把自己的情况都告诉了小张。小王原本以为，小张知道自己要结婚，肯定不用张口讨要就能还钱，却不想小张支支吾吾地说他的老婆刚刚生了孩子，家里经济非常紧张，根本拿不出钱来还给小王。小王非常生气，然而让他更气愤的还在后面。自从他向小张要钱之后，小张索性不再接他的任何电话，也不回他的任何信息。对于小张这种行为，小王意识到自己遇到了过河拆桥之人，只能想尽办法先把钱要回来。至于是否继续和小张做朋友，那真是未知的事情。

在这个案例中，小张和小王原本是关系很好的同事，也是私交甚好的朋友，所以，小王才会在小张急需用钱时，不等小张开口，就把自己几年来辛苦积攒的钱主动借给小张。然而，小张是一个过河拆桥的人。他用了小王的钱，在离开公司之后就渐渐地不再联系小王。甚至在小王给他打电话要钱时，他还以经济紧张为由搪塞小王，拒绝还钱。常言道，救急不救穷，小王之所以借钱给小张，完全是为了给小张应急，而不是为了给小张过日子用的。如果小张是懂得感恩的人，那么他在买完房子之后，就会马上攒钱还给小王。毕竟小王也是一个单身男青年，也需要买房结婚，娶妻生子。所以，对于小张这种人，小王只可能借钱给他一次，相信下次小张哪怕有天大的事情、再向小王张口，小王也不会再把钱借给他用了。

很多人在生活中都奉行实用主义，总是在用人的时候才想起来自己有一个怎样的朋友能用得上，在不需要用人的时候则彻底就把朋友抛之脑后，根本想也想不起来。实际上，与朋友之间的感情主要靠平日里维护，在闲暇时和朋友一起聚一聚，吃吃饭，唱唱歌，就能加深彼此之间的感情。古人云，书到用时方恨少。其实，对于这些实用利己主义者而言，朋友也是到用时方恨少。要想避免这种情况的出现，我们就要未雨绸缪，在平时与朋友搞好关系，而不要等到需要朋友帮忙的时候才厚着脸皮给朋友打电话求助。

在得到朋友的帮助之后，我们一定不要因为事情已经解决了就觉得自己以后可能不再需要朋友的帮忙。要知道人生的路是很漫长的，谁也不能保证自己在未来的人生路上凡事都能搞定。尤其是在得到朋友的帮助之后，就算不为下一次请朋友帮忙着想，只为了这一次感谢朋友，我们也应该竭尽所能地回报朋友。总而言之，人生路上多个朋友多条路，多个敌人多堵墙。不管何时，我们都要把人情维持好。尤其要与朋友常来常往，不要等到事情办完之后就把朋友抛之脑后，过河拆桥。我们要每时每刻都把朋友记在心里，记住朋友对我们曾经的帮助和好处，更要经常与朋友保持联系，这样我们与朋友之间的关系才会越来越密切，与朋友的感情才会日渐深厚。

第 08 章

别吝啬你的“赞美”，把赞美的话说到心坎里

每个人都希望得到他人的赞赏，而不愿意自己总是被否定，所以，要想拉近与他人之间的关系，与他人聊得来，最好的办法就是赞美他人，而不是一味盯着他人的缺点和不足看。任何时候，当你慷慨大方地对待他人时，他人必然同样地对待你。所以，朋友们，我们都要用心一些，把赞美的话说到他人的心坎里，如此才能让他人心花怒放，更加认可和喜爱我们。

赞美他人显而易见的优点

人的本性就是趋利避害。每个人都喜欢听赞美自己的话，而不愿意被否定和批评。常言道，金无足赤，人无完人。每个人都是被上帝咬过一口的苹果，都有很多缺点。当然，为了让自己看起来更完美，人们会有意识地掩饰自己的缺点，淡化自己的弱点，强化自己的优点，从而使自己看起来更趋于完美，并得到他人的认可和欢迎。既然人都有这种本性，那么，在人际交往过程中，要想与他人搞好关系，最重要的就是学会发现他人的优点。正如一位名人所说，这个世界上并不缺少美，只是缺少发现美的眼睛。同样的道理，每个人都既有缺点，也有优点，只是缺点被发现的概率高，优点被发现的概率低而已。古人云，三个臭皮匠，抵过诸葛亮。这句话告诉我们，哪怕是臭皮匠，也有其过人之处。如果把三个臭皮匠的智慧加在一起，甚至能超过神机妙算的诸葛亮呢！所以，在与人相处时，我们不应该只看到他人的缺点，并且为此耿耿于怀；而要多多发现他人的优点，特别是他人身上的闪光点，从而顺其自然地赞美他人。如果说刻意地吹捧他人显得急功近利，那么，在发现他人的闪光点之后，顺其自然地认可和赞美他人，则显得水到渠成。

人际交往中，很多人都为如何与他人搞好关系、和谐融洽地与他人相处而苦恼。殊不知，发现别人的闪光点，自然地赞美他人，用真诚的语言让他人感受到来自我们内心的温暖，这就是给他人的最好礼物。也许有些朋友会说不知道如何发现他人的闪光点，这并非意味着他人没有优点和闪光点，而只能说明你的眼睛放错了地方。一味地盯着别人的缺点，必然会蒙蔽你的眼睛，让你与他人的相处也陷入困境。任何良好的人际关系都是在与他人的朝夕相处中慢慢建立起来的，所谓的和谐美好更离不开交往双方的用心经营。唯有双方用心地付出和投入，都用发现真善美的眼睛发现彼此的优点和闪光之处，并且毫不吝啬地给予他人真诚的赞美，人际关系才会更加顺畅。在你一言我一语的交流中，我们与他人的关系会出现点点滴滴的好转，变得越来越和谐友好。

作为一名梦想着成为歌唱家的女孩，艾米有一个在世人看来比较致命的缺点，那就是她的外形长得并不漂亮，她不但身材矮小，五官也不够端正。她的嘴巴很大，完全不符合人们对樱桃小嘴的标准。她的牙齿也歪歪扭扭的，毫不争气，每次张嘴说话的时候，她都恨不得自己会腹语，那样她就可以像武林高手一样，不用张开嘴巴就可以和别人交流了。最终，强烈的自卑使得艾米不但距离自己成为歌唱家的梦想越来越远，而且让她即便在日常的人际交往中也总是自惭形秽，无法平等自如地与朋友们交流和相处。还有的时候，艾琳甚至会因为不知所措，在朋友们面前出洋相呢！

很多人都喜欢听艾米唱歌，但是他们都只是喜欢听艾米唱歌而已，而不愿意看见艾米那张远远不如歌星美丽的脸。最致命的是，艾米还是个不折不扣的大胖子，她的体重达到二百斤，是个典型的重量级歌手。有一次，在朋友聚会的时候，艾琳好不容易才鼓起勇气唱歌给大家听，却有个朋友残酷地对她说：“艾米，我只想听你唱歌，不想看你的脸。”可想而知，对于一个年轻的女孩来说，朋友的这句话给她带来了多么深刻的伤害。当时，艾米伤心地哭了起来，而且决定以后再也不唱歌了。这时，一个平日里默默无闻的朋友对艾米说：“艾米，每个人都是被上帝咬过一口的苹果。你被上帝咬过的地方，也许很多人都能看到，但是，你必须自信，要看到自己的闪光点。所谓瑕不掩瑜，只要你能发现自己的闪光点，你就会充满自信。如果你还不知道自己的闪光点，那么我告诉你，你的歌声就是天使的歌声，能够带人飞翔。”朋友的这番话让艾米从悲伤中醒来，激动得笑了起来。从此之后，艾米变得非常自信。她知道，也许自己不够完美，但是她坚信自己是这个世界上独一无二的存在。

在这个案例中，第一个朋友显然是非常苛刻和犀利的人。他只看到了艾米身上的缺点，为了这份缺点，甚至不惜否定艾米的优点。第二个朋友无疑是艾米的天使，他看到了艾米的缺点，更看到了艾米的闪光点。所以他对艾米很宽容，他知道，金无足赤，人无完人。只要欣赏艾米的歌声，和艾米一起飞翔，就是最美好的感受。他不知道的是，他的这一番话给了自卑的艾米足够的信心和勇气面对人生。

朋友们，就算是耀眼的太阳，也会有黑子出现。但是黑子偶尔的活动并不会影响太阳绽放光芒。对于我们而言，也是同样的道理。虽然我们会有各种各样的缺点，但是让我们接受这些缺点的存在吧。正如这个世界上没有丑也就无所谓美，也许恰恰是因为这些缺点，才更加衬托出我们的优点和闪光点。很多时候，我们不能奢求从外界得到信心和勇气，因此，我们要客观评价自己，从容接受自己。毕竟，不管是优秀还是平庸，我们都是这个世界上最独一无二的自己。所以，我们要悦纳自己，要找到自己的闪光点，欣赏自己。与此同时，在与他人相处的时候，我们也要学会悦纳他人，找到他人的闪光点和优点。唯有真诚地、发自内心地赞美他人，才能让友善的花朵绽放，拉近我们与他人之间的关系，帮助我们与他人之间建立深厚的友谊。

赞美他人不为人知的细节之处

在上一篇文章里，我们说过要善于赞美他人的闪光点。所谓闪光点，就是他人身上那些显而易见的优点，也是被他人所看到的长处。赞美他人的闪光点，不但不会被误解为刻意地拍马溜须和讨好，而且会让赞美名副其实，显得更加真挚和真诚。那么，除了闪光点之外，我们还可以赞美他人哪些地方呢？赞美是生活中最迷人的花朵，我们唯有让这朵花开遍人生的每一个角落，才能拥有美丽绚烂的人生。

在人际交往中，很多朋友都粗心大意，不愿意在细节处花费功夫和时间。实际上，对于他人的那些优点，你看到了，很多时候别人也会看到。对于被赞美者而言，也许在漫长的人生路程中已经听过了无数次同样的赞美，早就对赞美产生了免疫力，甚至这份赞美再也无法在他们的心中激起任何波澜。所以，为了让赞美达到预期的效果，能够真正打动人心，我们一定要变得更加细心，看到他人身上大多数人看不到的优点和长处，从而恰到好处地赞美他人。这样一来，他人不但会对我们刮目相看，也会感受到我们的用心良苦，与我们的关系也会更加亲近和亲密。

很多人在赞美他人时都会犯一些错误，或者任由赞美泛滥，或者只是敷衍了事，并非完全真诚且发自内心的。当然，这个世界上任何事情都是有付出才有回报的，而且付出与回报之间总是成正比。既然我们想赢得他人的尊重和信赖，与他人变得亲近和亲密，那么我们在赞美他人时就要多多用心，而不能只是在口头上敷衍了事。如果我们在赞美他人时多多关注细节，为了在细节上赞美他人而更加用心，那么他人一定能感受到我们的好意，并给予我们同样的回馈。尤其是当我们需要求助于他人时，为了让他人对我们产生好感，答应我们的请求，我们更要努力地赞美他人。所以，朋友们，从现在开始就要擦亮眼睛，让自己拥有一双火眼金睛，这样才能在赞美他人的时候显得与众不同，把每一句话都说到对方的心里去，让对方怦然心动。

有一次，法国总统戴高乐去美国访问美国总统尼克松。尼克松为戴高乐举行了欢迎宴会，为了表示对戴高乐的尊重，尼克松夫人花费了很长时间，专门布置了一个鲜花展台。这个鲜花展台非常漂亮，坐落在一张马蹄形的桌子上。桌子周围都是颜色绚烂的鲜花，鲜花中间簇拥着一个精致美丽的喷泉。这使得整个鲜花展台看起来不但是鲜花的世界，而且有着美妙的意境。大多数人在宴会上都只顾着谈笑风生，说一些客套话，而戴高乐总统却一眼就发现了这个鲜花展台的与众不同。他很清楚，尼克松总统不可能这么细心地去布置这样一个别具一格的鲜花展台，那么布置鲜花展台的功劳当然要归于尼克松夫人。因此戴高乐当即真诚地赞美尼克松夫人：“夫人辛苦了，为了进行这样一场宴会，您肯定花费了很多的心血和时间，才能让这个鲜花展台变成一个小小的自然世界，既有鲜花，也有喷泉，看上去妙趣横生，别具韵味。如此精致优雅的布置，也只有您这样高贵的夫人才能做到。”听了戴高乐的话，可想而知尼克松夫人多么高兴和欣喜。即便这件事情过去了很久，她依然记得戴高乐总统。她不止一次地告诉别人：“参加宴会的都是大人物，他们根本不会留意到我精心布置的鲜花展台。又或者他们即便发现了这个鲜花展台很漂亮，也不会特意向默默无闻的女主人道谢。戴高乐总统却与众不同，他那么细心，而且能够照顾到每一个人的感受。”

作为法国总统，戴高乐总统即便不赞美鲜花展台，也在情理之中。毕竟他是作为法国的代表来与美国总统会晤，很难注意到那些琐碎的细节。而他之所以得到大多数人的尊重和爱戴，就是因为他非常细心，能够发现他人注意不到的细节，并体会到他人与众不同的用心。对于尼克松夫人费尽心机布置的这个鲜花展台，戴高乐总统没有像其他大人物那样丝毫不将鲜花展台看在眼里，而是当即为此感谢尼克松总统夫人的付出和用心。尽管戴高乐总统对夫人的感谢之情只有寥寥几句话，这几句话却因为真诚和友善而永远地被尼克松夫人记住。这就是从细微处赞美他人的妙处，甚至只需要寥寥数语，就能帮助我们给他人留下深刻的印象。

很多人做事情都好高骛远，他们总觉得小事不值一提，只有大事情才值得他们关注，值得让他们付出时间和精力。古人云，一屋不扫，何以扫天下？这句话告诉我们，不管做什么事情，都要从小处着手，这样才能获得更大的收获。对于很多人的付出，我们也不要因为觉得他们在做自己的分内之事，就对他人的付出丝毫不以为然。要知道，也许我们简简单单的几句感谢，就能让他人温暖很久。任何时候，我们都不应该吝啬赞美他人。尤其是很多小事情，看似简单，其实却至关重要，甚至能够引发重大事件。就像人生一样，很多伟大的转折并非出现在那些看似关键的时刻，而很有可能出现在人们漫不经心的时候。用心做好生活中的每一件小事，我们的人生才能得到惊喜，才能拥有更多的收获。从现在开始，就让我们更多地发现他人的优点，也更多地发现他人不为人知的、值得赞美的细节。只要我们不吝啬自己的赞美，相信他人同样会慷慨地对待我们。

男人就像气球，需要恰到好处的赞美

这个世界上只有两种人，一种是男人，一种是女人。然而，很多时候，男人和女人就像是来自不同星球的两种生物，完全不协调，更显得格格不入。不得不承认，从生理的角度而言，男人和女人有着极大的不同。当然，生理上的不同也导致男人和女人的心理上存在巨大的差异。所以有人说男人来自金星，女人来自火星。当很多女性朋友想以自己的逻辑思维与男人相处时，总觉得无法进行下去，这是正常的现象，完全无须懊丧。其实，如果女性朋友们能换一个角度，站在男人的角度上思考问题，理解和体贴男人，那么就会知道男人是一种非常爱面子的生物，他们的自尊心极其强烈，而且征服的欲望很强。在这种情况下，聪明的女人总是能够驾驭男人，因为她们知道对待男人要像吹气球一样。如果吹得太大，肯定容易爆破；但是如果吹得太小，又会显得很干瘪，不好看。所以，赞美男人必须恰到好处，把握合适的度。

当然，要想把男人赞美得飘飘然、昏昏然，一定要掌握技巧。一味空洞地吹捧男人，并不能使男人觉得骄傲。因为男人是理性的动物，他们很少因为别人无厘头的吹捧而沾沾自喜。这就是男人与女人最大的不同。很多女人在面对他人的赞美时，根本无暇思考他人的赞美是出自真实的意愿，还是完全为了吹捧。但是男人很理智，他们会冷静地思考并且分析别人对他们说出每一番话的目的。所以，女性朋友们在面对男性时，说话千万不要不假思索，而要让自己的话有根有据，这样才能对男人形成一定的说服力。在赞美男人的时候，可以使用比较的方法，让男人意识到我们对他们的赞美完全出自真心，而比较也会使男人更深刻地认识到自己的优点，知道别人对他们的吹捧完全建立在符合事实的基础之上。

有一次，汉高祖刘邦和韩信在一起交谈。说到所谓的带兵打仗的才能时，刘邦问韩信：“你觉得我可以指挥多少兵马？”韩信不假思索地回答：“往多里说，陛下可以指挥十万兵马。”毫无疑问，刘邦对韩信的回答不是很满意，因此他有些不甘心，继续追问：“那么，你能指挥多少兵马呢？”韩信依然不假思索地回答：“对于我而言，当然是多多益善了。”刘邦笑着说：“原来你这么厉害。那么，你为什么还要听命于我呢？”韩信老老实实、一本正经地回答：“陛下尽管不善于指挥兵马，但是陛下很善于指挥将才。所以，就让注定要率兵打仗的我去指挥兵马，而陛下只要指挥我就行了。”

刘邦是一位贤明的君主，所以即使被韩信说成只能指挥十万兵马，也没有生气。他很清楚自己的优势是指挥将才，而不是率兵打仗。刘邦之所以能够获得成功，最终一统天下，就是因为他有自知之明。在这个案例中，韩信对于刘邦的赞美是非常隐晦的，而且让刘邦感到非常高兴。韩信首先肯定了自己是大将之才，这无异于抬高了自己，然后又说刘邦有指挥将才的能力，这样就在无形中赞美了刘邦。所以，刘邦对于韩信对他的评价非但没有生气，反而感到非常满意。实际上，熟悉历史的朋友们都知道，在谈话当时，韩信与刘邦的关系并不和谐，堪称紧张，甚至是剑拔弩张。韩信当然不愿意违心地恭维刘邦无所不能，因为刘邦也不会盲目地相信他这种功利性的赞美。所以，他从事实出发，以抬高自己的方式更加抬高刘邦，反而赢得了刘邦的信任。

尽管每个男人都恨不得得到全世界的赞美，但是不得不说，男人也是有很多缺点的。所谓金无足赤，人无完人。在赞美男人的时候，我们的赞美不应该毫无原则和底线，而应该采取辩证法，既赞美男人的优点和长处，也指出男人的缺点和不足。这样理性的赞美，恰恰让男人觉得真实。也因为我们理智地为男人指出不足，所以男人会卓有成效地提升和完善自己。我们的赞美也会因为瑕不掩瑜而显得更加真实自然，更容易被男人接受。在现代职场上，很多领导常常需要赞美下属。在赞美男性下属的时候，一定要把握分寸，不要一味地吹捧，而要尊重事实，以辩证唯物主义的赞美方式给男人带来最好的感受。男人可不像女人那么情绪化，所以他们不喜欢绝对的语言，而喜欢理智、冷静的分析和评价。正如有一家企业的广告词所说的，没有最好，只有更好。对于男人来说，世界同样如此，他们深谙自己永远不是那个最好的人。

在赞美男人的时候，我们一定要记住，一个人不可能浑身都是优点，也不可能浑身都是缺点。纵观古今中外，哪怕是那些伟大的人物，也都是真实的人物，所以他们既有优点也有缺点，更何况是普通的男人呢？我们对男人的赞美必须真实自然，这样男人才会欣然接受我们的赞美，并真正领会我们的好意。

转达他人的赞美，借花献佛

在赞美他人时，总有些朋友因为不好意思而不好直接当面赞美他人。

他们或是担心被人误会为拍马溜须，或是担心被人指责为曲意奉承，最终他们陷入犹豫之中，反而错失了最佳的时机。当然，他们的担心不无道理，毕竟现代社会人际关系非常复杂。所谓的赞美，如果掌握不好合适的度，找不到最佳的时机，或者语言表达不恰当，就有可能变了味道。既然当面赞美这么困难，而且有很多顾忌，我们不如假借他人的名义进行赞美。这样一来，因为交谈的时候他人并不在场，也不会与被赞美的对象面对面，所以哪怕赞美的话说得肉麻一些、露骨一些，我们也不会觉得尴尬。即便赞美偶有不合时宜时，被赞美者也不会把这份责任记在我们的头上。反之，如果这份赞美受到欢迎，让被赞美者心花怒放，那么被赞美者一定会对我们非常热情，态度也变得截然不同。这样一来，赞美的功劳就顺理成章地被记在我们的头上，万一出现过错，被赞美者也不会过于埋怨我们，我们自然更加安全。

聪明的赞美者很善于假借第三者的名义来赞美他人。例如，面对一个年轻漂亮的女孩，假如我们直截了当地赞美对方“你真漂亮”，对方一定会觉得不好意思，甚至会觉得我们居心叵测。在这种情况下，不如说“真是百闻不如一见，早就听到某某说你年轻漂亮，今日一见，果真如此”。这样的话说出来，是很安全的，不但帮助我们赞美了他人，也能给他人留下好印象。这种假借他人之口说出来的赞美，丝毫没有阿谀奉承的嫌疑，也更容易被赞美者接受。

刘谦的妈妈一直催着刘谦去相亲。刘谦忙于工作，始终没有时间。出于对妈妈的尊重，好不容易等到周末，刘谦终于抽出半天的时间，参加妈妈安排的相亲节目。其实，刘谦并非忙得连相亲的时间都没有，只是因为他在心底很排斥相亲这种方式。毕竟现在已经是新时代了，崇尚自由恋爱、自由婚姻，谁还会以相亲的方式解决终身大事呢？刘谦完全是被妈妈催得没办法应付，才勉为其难地接受了这次相亲的安排。

周六下午，刘谦如约来到附近一家知名咖啡馆。远远地，他就看到在预订的桌子旁边坐着一个女孩。从背影来看，这个女孩身材修长，长发披肩，感觉还不错。刘谦暗暗想道：不知道女孩的正面如何，千万不要把我吓一跳才好。带着这种心理，刘谦忐忑不安地走到女孩对面坐下来。看到女孩的脸之后，刘谦不由得一见钟情。他暗暗埋怨自己为何不早一些接受妈妈安排的相亲，这样也就可以早一些认识这位如同仙女一样的女孩了。心里这样想着，他的嘴上说道："您好，早就听阿姨说起你有倾国倾城之貌，没想到今日一见，果真如此。我真后悔自己工作太忙，没有早点来进行这次约会。"听到刘谦的这句话，女孩高兴地笑起来。毕竟每个女孩都希望得到他人的赞美，即使再漂亮的女孩也不能免俗。尤其是面对刘谦这样的谦谦君子，女孩当然更愿意得到刘谦的赞美和喜爱了。可想而知，他们接下来的交谈非常顺利，大有相见恨晚的感觉。

对于初次相亲的对象而言，刘谦和女孩彼此陌生，如果刘谦直接赞美女孩漂亮，当然是不合时宜的，甚至会让女孩误以为刘谦以貌取人，因而对刘谦产生不好的印象。刘谦非常巧妙地假借阿姨之口，间接说出了对女孩的赞美和好感，从而迅速拉近了自己与女孩的关系，也让后来的交往更顺利。不得不说刘谦是一个非常聪明的人，而且情商很高，所以才会使初次见面的相亲活动进展顺利。

当面赞美他人，很容易让人觉得有恭维和吹捧的嫌疑。尤其是当对方经常被他人赞美时，这种赞美更是会变得不值一提。如果我们能够换一种方式，把直接赞美变成间接赞美，那么赞美的含金量就会高很多。在生活和工作中，我们都要善于借助他人之口来赞美。尤其是那些权威人士的言论，更容易让被赞美者感到信服和沾沾自喜。毕竟权威人士和普通人比起来更具有威信，说话也更有分量。所谓的权威人士并非仅仅指专业人士。在生活中，我们也可以假借那些德高望重者之口来赞美他人。尤其是当我们假借的第三人也是对方非常尊重的人时，赞美的效果会更好，能起到事半功倍的作用。

让第三人转达赞美，更真挚自然

上文说的是，当我们不好意思直接赞美他人，又要避免故意奉承之嫌的时候，可以假借他人之口进行赞美。在这篇文章里，我们要说的主题恰恰与上文相反，即为了达到更好的赞美效果，可以让第三者转达赞美。毕竟，很多时候，当面赞美有阿谀奉承之嫌，也带有更多的功利性，容易使人心生误解。如果我们不当面赞美他人，而是在第三人面前赞美他人，再由第三人有心或者无意地把我们的赞美转达给他人，那么这份赞美一定会显得弥足珍贵。

人们往往认为，一个人只有有所图的时候才会刻意地赞美他人。而如果一个人在背后赞美他人，则因为毫无功利性，所以其赞美的真实性更高，也更真诚，更能使人相信赞美是发自内心的。正是基于这种心理，如果我们改当面赞美的方式为背后赞美，就能让赞美达到更好的效果。

现实生活中，很多时候我们因为自身某个方面的能力不足，往往需要他人的帮助。为了让他人答应我们的请求，帮助我们，我们往往要想出很多办法打动他人的心。直接的恳求当然是一种比较高效的办法，但是也很容易被拒绝。有些人顾及面子，生怕被拒绝，所以不愿意采取当面求助的方式。聪明的他们最终想出了一种委婉的办法，而且成功率很高，那就是背后赞美他人，委婉地表达自己的需求。这样一来，他人在得到我们真诚的赞美之后，体会到我们的真诚和友善，也会对我们的请求有求必应。

亨利太太准备在家里举行一次宴会。她很擅长烹饪，做各种美食都色香味俱全，因而她对于自己的厨艺很有把握，也不担心晚宴上的各色菜品。唯一让她发愁的是，她并不擅长做甜点。思来想去，她想到了在同一个社区的玛丽。不过她与玛丽并不熟悉，因而很担心被玛丽拒绝。如何才能实现自己的愿望，让做甜点堪比星级大厨的玛丽来家里帮忙呢？亨利太太左思右想很久，终于想出了一个好办法。

一天，亨利太太特意安排好所有的事情，然后坐在社区服务中心消磨时间。她其实并非无所事事，而是在等待玛丽最好的朋友琳达的到来。中午时分，琳达果然来了。琳达和亨利太太也不是很熟悉，不过恰巧社区中心人很少，她们顺理成章地攀谈了起来。亨利太太说起自己要在家准备晚宴的事情，也说起自己不太擅长准备甜点，这时琳达毫不犹豫地说：“你为什么不邀请玛丽帮你准备甜点呢？她的甜点厨艺非常高。”亨利太太有些为难地说：“我当然知道玛丽的甜点手艺非常高。记得有一次社区中心的活动上，她带了一些自己做的甜点分给大家吃。我也吃了一块，那甜点的味道棒极了，比我吃过的最好吃的五星级酒店大厨做的甜点还好吃，让我吃过之后难以忘记。不过我和玛丽不是很熟悉，我担心如果请她帮忙，会给她增加麻烦。”琳达说：“放心吧，玛丽是一个非常随和的人，也非常热心。只要你举行家庭宴会的那一天她没有预先安排事情，她肯定会去帮你的忙。”在琳达的鼓舞下，亨利太太决定试一试。她知道，琳达一定会把她的这番赞美转达给玛丽，她的目的也正在于此。当玛丽从琳达的口中听到亨利太太对她的赞美之词后，还会拒绝亨利太太的请求吗？果然，亨利太太一天之后去找玛丽帮忙，玛丽毫不犹豫地接受了她的请求，而且对她非常热情。亨利太太知道，这一切都是琳达的功劳。

在这个案例中，为了得到玛丽的帮助，亨利太太可谓绞尽脑汁，最终才想出了这个成功率极高的好办法。她知道琳达和玛丽是好朋友，也知道琳达和玛丽无所不谈，所以故意在社区中心等待琳达，目的就是当着琳达的面夸赞玛丽，再让琳达向玛丽转达她的溢美之词。不难想见，当一个人知道有一个与自己不那么熟悉的人对自己的评价如此之高时，必然很高兴。因此，等到亨利太太再去请求玛丽帮忙的时候，玛丽当然不会拒绝了。看来亨利太太不但厨艺很高，情商也很高呢，所以才使这件事情进展顺利，她也如愿以偿，成功举办了一场完美的宴会。

在背后说他人的好话，让第三人把赞美之词传达给他人，能够避免给他人留下故意阿谀奉承的感觉，也让他人感受到我们的赞美是足够真诚且毫无功利性的。这样一来，虽然我们与被赞美者并没有当面的互动，但是彼此之间的关系已经变得越来越亲近，甚至感情也深厚起来。朋友们，如果你们也想让自己身边的人感到愉悦，那么除了要当面赞美他们之外，别忘了还可以采取背后赞美的方式与他们拉近关系，加深感情哦！当我们把这种赞美方式运用得炉火纯青时，相信我们与他人的关系也会得到卓有成效的推进。

贬低自己，才能更好地抬高他人

赞美他人能否达到预期的效果，最关键之处在于他人是否相信我们的赞美是足够真诚的、发自内心的。如果他人怀疑我们的赞美，觉得我们是有目的的，是为了阿谀奉承他们、吹捧他们，那么我们的赞美就会被他们排斥，以致事与愿违。所以，要想赞美他人，让他人对我们的赞美信以为真，我们首先要足够真诚，更要怀着一颗谦卑的心。中华民族是讲究传统美德的，谦卑也是一种美德。只有怀着谦卑的心赞美他人，赞美才是真诚且有意义的，才能为他人乐于接受。此外，怀着谦卑的心还有一个好处。谦卑，将会使我们更容易发现别人的优点和长处，而不至于一味地盯着他人的缺点和不足。生活中并不缺少美，缺少的只是发现美的眼睛。如果我们有着一双火眼金睛，总能看到他人显而易见或者隐藏不见的优点，那么我们对他人的赞美一定会更加真实生动，让他人更乐于接受。

首先，在赞美他人时，要想表现出谦卑，我们就要看到他人的优点。几乎每个人都有自己显而易见的优点，也有自己不为人知的与众不同之处。当然，如果我们能发现后者，那么我们的赞美会更加打动人心。即使我们一时之间无法发现他人的与众不同之处，也没有关系，我们可以赞美他们显而易见的优点。虽然他们可能已经听过很多人对他们同样的赞美，但是他们至少知道我们的赞美是言之凿凿、有事实依据的，而不是睁着眼睛说瞎话，更不是一味地敷衍了事。其次，在赞美他人的时候，为了表现谦卑，我们应该更加欣赏他人，甚至表现出对他人的仰慕和景仰。很多人虽然口中赞美他人，却表现得高高在上、居高临下，而他人一定会感受到这种态度，最终对他们的赞美不以为然，甚至觉得他们的赞美不够真诚。

最后，还有一种方法能够卓有成效地表现出我们的谦卑，那就是请教赞美法。众所周知，人们只有觉得他人在某些方面比自己高明的时候，才会怀着谦虚的态度请教他人。在赞美他人的时候，如果我们也能怀着谦虚的态度请教他人，那么他人一定会感受到我们满满的诚意。很多时候，某个人的爱好和长处尽人皆知，普通的赞美已经无法引起他的感动，因为他之前不知道已经听说过多少遍类似或者相同的赞美。对此，我们不如改变一种方式，用请教的方式去赞美他。这样他便能深刻感受到我们的用心，好为人师的本性也会使得他更乐于接受我们的请教，甚至耐心地传授我们其中的秘诀。这样一来，我们与他之间的关系自然更加亲密，他也会对我们刮目相看。

一直以来，作为一名保险推销员，林雅的销售业绩在公司里排名都很靠前。这个月，林雅一直在跟进一个大客户，却始终毫无进展，这使她感到非常苦恼。她绞尽脑汁使出了浑身解数，始终无法搞定这个客户。就在她想放弃的时候，突然有一天，她看到一篇教人虚心求教的文章，从中受到了启发。她想起客户的办公室里挂着一幅书法作品，而且她曾经听到前台说老板的书法水平很高，墨宝就挂在办公室里，因而推测出那幅作品就是客户自己写的。林雅意识到这位客户必然对自己的书法水平扬扬得意，所以才会把墨宝挂在办公室里。她决定就从这幅作品出发，打动客户的心。

再次拜访客户时，林雅并没有急于推销保险，而是盯着客户所写的那幅字看得入神。林雅对客户说：“这幅作品一定是名家之作吧？我看这运笔遒劲有力，而且字的布局大气磅礴，一看就出自名家之手。”林雅话音刚落，客户就哈哈大笑起来：“见笑了，见笑了，这是我的拙作。”林雅装作非常惊讶的样子说：“真想不到，您作为一名商人，居然还是书法家。我见过很多做生意的人，他们有各种各样的兴趣爱好，但是像您这样爱好如此高雅，一边念着生意经，一边还能静下心来练习书法的，真是不多见。我觉得要是有一天你不想做生意，去当一个书法家完全绰绰有余。”客户听林雅这么一说，很高兴，毕竟在自己得意的领域得到赞美是让人愉快的事情。再加上林雅以谦卑的态度不断地请教，他更加兴致盎然，开始和林雅交流起自己的书法心得。就这样，一下午的时间不知不觉地过去了，林雅从始至终没有与客户说起保险的事情。林雅告辞时，客户显然已经把林雅当成了朋友。没过几天，客户就主动打电话让林雅带着保险资料去找他。客户不但在林雅那里为自己和家人购买了保险，而且从林雅这里给全公司的员工都上了保险。林雅收获很大，在公司内引起了轰动，只有她自己知道，她是如何找到金钥匙打开客户心扉的。

林雅之所以能够打开客户的心扉，是因为她从客户最骄傲的事情入手，用谦卑的心求教客户，这让客户知道林雅不仅仅是敷衍了事地赞美他，而是真的想得到他的指点。每一个成功人士都有自己的过人之处，也都愿意得到更多人的认可和赞美。所以，在林雅求教之后，客户才会如此兴致盎然，不再把林雅当成一个保险推销员了。

古人云，三人行，必有我师。朋友们，每个人都有自己的优点和缺点，也许我们在这个领域比较擅长，但是在另一个领域就比较弱势。所以，要想成功打动他人，真诚地赞美他人，我们就要知道自己的不足，也要认识到他人的长处，这样才能谦卑地求教于他人，努力抬高他人的优势，从而激发他人好为人师的心理，令其愿意给予我们耐心的指导。

第09章

防人之心不可无，脸皮厚点才能试出真心

常言道，害人之心不可有，防人之心不可无。也有人说，画虎画皮难画骨，知人知面不知心。的确，人心隔肚皮，谁也不知道他人的心里在想什么，因而在与他人相处时，我们必须厚着点儿脸皮，千万不要因为不好意思，被他人无缘无故地占便宜。当然，吃点亏也无关紧要，但如果导致严重的后果就不好了。所谓路遥知马力，日久见人心。唯有在长期的相处中用心观察，我们才能测试出他人的真心，才能有效地保护好自己，对自己负责。

敌人，也许反而会用恭维迷惑你

人的本性就是趋利避害。每个人都希望得到他人的赞美之词，而不愿意被他人批评和否定。然而现实告诉我们，那些能够为我们指出缺点和不足的人才是真正关心我们的人、对我们好的人；而一味恭维我们的人，只是为了用赞美来麻痹我们的心灵，让我们停滞不前。所以，擅长说甜言蜜语的人，也许反而是我们的敌人，很有可能冷不丁地咬我们一口，让我们因为轻信他们而懊悔不已。

现代社会，人际关系已经被提升到前所未有的新高度，人脉资源也成为人们非常重视的资源之一，甚至会影响人的生活和工作。在这种情况下，不管是在生活中还是在职场上，每个人都难免要与其他人打交道，要应付各种各样错综复杂的人际关系。所以，我们更要擦亮眼睛，变成火眼金睛，这样才能识别各种虚伪的假面。常言道，明枪易躲，暗箭难防。那些居心叵测的人善于用甜言蜜语来伪装自己，用恭维来让我们变得粗心大意，因为毫无防备，所以我们很容易受到伤害。因此，聪明的朋友总是保持理智和清醒，绝不因为他人随意的恭维就迷失自我，对自己失去正确的判断。

有一头狮子已经很久没有捕捉到猎物了，它饿得前胸贴后背，在森林里不断地游荡着，寻找食物。它走啊走啊走啊，终于看到草地里有一头公牛。这头公牛非常强壮，狮子垂涎欲滴，想道：要是我能吃掉这头公牛可太好了，这样我至少很长时间都不会再饿肚子。它虽然是森林之王，却很忌惮公牛，因为公牛有两只长长的、尖锐的犄角。它想：要是公牛没有角，我一定立刻冲上去把它吃掉。但是我必须动动脑筋，否则公牛尖锐的角是会让我开膛破肚、丢掉性命的。思来想去，狮子想出了一个好主意。它偷偷摸摸地走到公牛身边，装作谦卑的样子对公牛说："公牛先生，你好呀。你看起来真强壮，非常漂亮。你简直是我见到的公牛里最漂亮的。不过，你唯一的缺点就是有两只角，这两只角肯定让你很烦恼吧？我无论如何也不能想象，你整日整夜都带着这两只角生活，该是多么痛苦不堪。它们的存在破坏了你完美无瑕的长相，如果您能把它们处理掉，那么你一定是世界上当之无愧的公牛之王。"

听到素有"森林之王"之称的狮子如此赞美和恭维自己，公牛不由得飘飘然起来。它问狮子："你真的觉得我的角很碍事儿吗？坦白说，没听到你这么说之前，我倒不觉得它们多余，但是经你这么一说，我真觉得它们破坏了我完美的形象。"公牛还想和狮子谈谈呢，狮子已经悄悄地溜走了。其实，狮子没有走远，而是躲到附近的一块石头后面，想看看公牛会不会上当。看到狮子走远了，公牛毫不迟疑来到一块石头旁，把自己的角狠狠地撞向石头。撞击了十几下之后，公牛的两只角都碎裂了。公牛的头变得平滑起来，它沾沾自喜：我成了世界上最漂亮的公牛，等再见到其他公牛，我完全有资格趾高气扬了。然而不等它脸上的笑容消失，狮子突然从石头后面蹦出来，喊道："我的心愿望终于实现了。你现在没有角了，我可以肆无忌惮地咬死你，把你吃掉了！"

因为狮子的恭维，公牛完全失去了理智，不惜把自己的角撞碎，只为了让自己成为世界上最漂亮的公牛。相信很多朋友在看这个故事时，都会因为公牛的幼稚无知感到可笑。殊不知，生活中和公牛一样的人并不在少数。他们总是轻而易举地沉醉在别人的恭维中，完全不想别人为何要恭维他们。这样一来，他们必然失去理智，最终中了他人的奸计。如果说公牛为自己的愚蠢无知付出了生命的代价，那么，在人类的社会中，一味地沉迷于别人的恭维，将会付出更加惨重的代价。

人贵有自知之明。所谓自知之明，就是要客观公正地认知自己，正确地评价自己。尤其在面对他人的赞美时，我们更要保持清醒和理智，如此才能分辨他人赞美的真伪，区别真正的赞美与恶意的恭维，从而更好地保护自己。人之所以成为万物的灵长，就是因为人是有思想的动物。所以，朋友们，任何时候都不要让别人的恭维成为烈火焚烧我们，更不要让自己迷失在这烈火之中。唯有拨开云雾见月明，了解真相，我们才能识破他人的诡计，坚决抵制他人不怀好意的恭维，从而更好地保护自己，坚持自我。

不要盲目相信他人的吹捧

生活很多时候看起来风平浪静，实际上却暗流涌动。在生活中，我们遇到的很多人从表面上看起来都一团和气，殊不知，他们的内心里有着不为人知的秘密。所以，我们看人不能只看表面，而要透过现象分析本质，了解他人的真实用心。所谓害人之心不可无，防人之心不可无，我们不能害别人，同时也要时刻提防别人的不轨之心。

尤其对于生活中那些喜欢说甜言蜜语、满脸笑容的人，我们一定要小心戒备。因为他们不可能真的永远不生气或者从来不感到愤怒，而只是快乐幸福。他们之所以永远展示出满面笑容的样子，唯一的解释就是他们隐藏了自己真实的内心，给自己戴上了虚伪的假面。人们常用笑面虎来形容生活中的那些虚伪者，这个形容词非常贴切。生活中，的确有些人不管怎样都不生气，只是保持微笑。实际上，他们内心深处早已把你恨透了，恨不得想出办法除掉你，而表面上却依然对你笑得山花烂漫，让你根本毫无防备。在爱情中，很多男性在追求女孩的时候总是说一些甜言蜜语，单纯的女孩很容易被这些甜言蜜语欺骗，甚至觉得这个男人就是自己的真命天子，是值得自己托付一生的人。殊不知，金无足赤，人无完人，每个人都是情绪动物，既有优点也有缺点，不可能做到面面俱到。只有伪装出来的人才能十全十美，所以女孩们千万不要因为男人的花言巧语和顺从而被迷惑，而要擦亮眼睛，相信自己的心。

为了讨好楚国，魏王送了一位美人给楚王。楚王非常喜欢这个美人，也很宠爱她。楚王的夫人郑袖知道楚王有了新欢，不禁恨得牙痒痒。但是，她表面上装出喜欢美人的样子，经常找各种理由接近美人，还与美人结拜了姐妹。郑袖非常大方，对于自己喜欢的衣料、家具和首饰，她都慷慨地分给美人一份。有的人甚至觉得郑袖对于美人的喜爱远远超过对楚王的喜爱。

看到郑袖如此宽容大度，楚王很满意，毕竟郑袖是他的夫人，他可不想后院起火。楚王还高兴地对郑袖说：“很多女人对待丈夫是靠美色去吸引，也或者有爱情的成分，当然，也不乏有些女人会妒忌。你却不同，你爱我所爱的人，你是真的爱我。所以，我也要更好地对待你，珍惜你。”

听到楚王的这番话，郑袖意识到自己已经赢得了楚王的心，也解除了自身的危机。因而，她决定采取行动。有一天，郑袖对美人说："大王很喜欢你。不过他觉得你的鼻子不太完美，要是以后你每次见到大王时能够把鼻子掩盖起来，相信大王会更喜欢你。"美人此时已经非常信任郑袖，所以此后每次见到大王时都情不自禁地用袖子把鼻子掩盖起来。楚王不知道美人为何这么做，便问郑袖。郑袖说："大王，我当然知道这其中的原因，但是我不敢说。"听完郑袖的话，大王更纳闷儿了，追问不止。最终郑袖说："美人觉得您的味道不好闻，所以每次见到您才用衣袖捂住鼻子。"楚王听到这话气得七窍生烟，当即命令把美人拉出去斩首。原来，楚王有狐臭，向来不允许任何人提起他的体味，美人根本不知道这件事情，就这样被郑袖钻了空子。直到死，美人也不知道这是与她亲如姐妹的郑袖一手策划的。楚王依然非常宠爱郑袖，因为唯独郑袖最爱闻到他的体味。

郑袖是一个非常聪明且心狠手辣的女人。如果她在美人初入宫时就陷害美人，那么楚王肯定第一个就会怀疑她。所以，郑袖没有这么做，而是与美人搞好关系，甚至比爱大王更爱美人，从而将人们怀疑的视线从她的身上转移出去。在得到大王和美人的信任之后，郑袖才开始挑拨离间，最终让美人无缘无故地惨死。大王因为失去了美人，也更加宠爱郑袖。郑袖的计谋，可谓一举两得。

生活中，笑里藏刀的人并不少见。对于那些总是笑着对待我们、不管什么事情都不与我们计较的人，我们一定要多加小心。有些人总是以各种亲密的称呼与刚刚相识的人套近乎，这样的人更是不值得托付。总而言之，人心险恶。我们唯有多多留心，才能识破他人的阴谋诡计，不给他人可乘之机，在生活和工作中更好地保护自己。

对过于热心的人，小心为上

生活中总有一些热心肠的人，他们之中有些人是真的热心肠，有些人却是假的热心肠。前文我们说过，金无足赤，人无完人，每个人都有自己的优势和劣势。在擅长的领域里，我们当然可以游刃有余，处理好很多问题。在不擅长的领域里，我们只能求助于他人，从而更好地解决问题。在遇到难题的时候，我们总是想到求助于朋友、亲人或者同事。但是，有的时候事情的发展让我们感到意外，即不等我们开口，有些人就主动提出帮助我们，并且慷慨大方地向我们伸出援手。或者，哪怕我们根本不需要帮忙，他们也非常热心，坚持要为我们贡献自己的一份力量。遇到热心人当然是好事儿，但是如果遇到别有用心的热心人，厄运便会接踵而至。所以，朋友们，世界上没有免费的午餐，也没有无缘无故就无条件帮助我们的人。在遇到这些所谓的热心人时，我们一定要加倍小心，才能保住自己的平安。

古人云，害人之心不可有，防人之心不可无。这句话告诫我们，只有多多提防他人，才能保护自己，避免无谓的损失和伤害。尤其是现代社会，坏人当道，骗子横行，虽然好人很多，但是坏人也不少。大多数情况下，坏人的脑门上并没有刻着一个“坏”字，好人的脑门上也没有标明“好”字，所以我们必须明辨是非，才能识别出坏人和好人。

每天晚上吃完饭，张大爷都会去自家附近的公园里遛弯。这天晚上，张大爷和往常一样，酒足饭饱之后就摸着圆鼓鼓的肚子去公园里散步了。天色渐渐黑起来，张大爷在公园里转了一圈，开始朝着家里走去。街道上亮起闪烁的霓虹灯，张大爷一边走一边欣赏着美丽的夜景。然而，张大爷走着走着，突然有个年轻人从后面走到他的身边，搀扶着他的胳膊，好心好意地说：“大爷，您年龄这么大了，走路可不要走在机动车道上，虽然是在路边，还是不安全。你还是去人行道上走吧，这样不容易被车剐蹭到。”张大爷连声感谢这位热心的年轻人，也意识到自己走在路边的确很危险，搞不好就会被骑电动车的人刮蹭到。然而，年轻人在听到张大爷的道谢之后连头都没回，就快步走开了，迅速消失在茫茫人海中。张大爷不由得心中纳闷儿，想不明白是怎么回事儿。晚上回家换下汗湿的衣服，老伴问他：“老头子，你兜里白天装的几百块钱怎么不见了？”张大爷这才恍然大悟：原来傍晚时分那个热心的小伙子是个贼啊！

张大爷身子骨硬朗，好好地走着路，却有年轻人来搀扶他，这当然不在情理之中。毕竟张大爷并没有求助于他人，也没有出现任何意外，这所谓的热心人热心得有些过头了。在生活中，每当遇到这种过于热心的人，我们一定要多加小心。虽然有很多人都是活雷锋，帮助他人不求回报，但是大多数人还是明哲保身、无利不起早的。

现代社会非常复杂，有的时候，哪怕是主动求助，我们也未必能够得到帮助。尤其是走在路上，自从发生彭宇案之后，很多人都同情那个被冤枉的孩子，也不愿意再多事了。路遇摔倒的老人，有些人甚至根本不敢伸出援手，生怕被讹上。所以这种主动帮助不需要帮助的老人的行为，就更使人纳闷儿。哪怕是年轻人，在遭遇他人无缘无故的热心帮助时，也要多长个心眼儿，千万不要被坏人钻了空子。

当然，这并非让我们把所有人都想成坏人，毕竟社会上还是好人多。而是告诉我们一定要提高警惕，不要对人毫无戒备之意。唯有擦亮眼睛，理智分析，我们才能识别出真实的情况，在该信任他人的时候，给予他人信任；在该怀疑他人的时候，做好自我保护。

风险与收益并存，对待机遇要理智

随着社会的发展，人们对于物质和金钱的需求越来越旺盛。每个人都想尽办法地改善自己的生活质量，提高自己的生活水平，因而对物质的欲望也越来越强。人们常说，现在的人一切都向钱看。这里的钱可不是前面的前，而是金钱的钱。也有人说金钱不是万能的，但没有钱是万万不能的。的确，如果在农耕社会，人们还能自给自足，但是在现代社会，在走一步都需要花钱的情况下，没有钱真的寸步难行。这也是很多人都奋不顾身地投入商海之中，想通过经商来尽快赚取更多的钱，满足自己的欲望和生活需求的原因。然而，商场如同战场，并非人人都可全身而退。商海看起来风平浪静，实际上在平静的海面下是暗流涌动。如果你不是商海中的精英，又没有丰富的经商经验，那么你很有可能最终遍体鳞伤，体无完肤。

现实生活中，人人都面临着很多诱惑。在欲望的膨胀之中，很多人变得飘飘然，迷失了自己的初心，也失去了人生的方向。在对待很多问题的时候，他们当然也失去了理智。尤其是在面对利益的诱惑时，他们堪称盲目。很多平时看似非常谨慎的人，一听到有利可图，马上就变得冲动起来。所以社会上才有那么多人受骗上当，其人生也变得支离破碎。前段时间，新闻报道了一名北京的老太太被骗走房子的事情。原来，这个老太太名下有一套房子，由她和女儿女婿一起生活居住所用。骗子告诉老太太，只要把房产证寄存在他们那里，就可以每个月按时得到一万多元的收入。听起来，骗子的骗术太拙劣了，因为这种天上掉馅饼的好事情仿佛天方夜谭。然而，老太太贪财心切，认为房产证不管放在哪里都没有关系，而每个月的一万多元可是实实在在的。所以，她瞒着女儿和女婿，把房产证交给了骗子。最可怕的是，老太太还在骗子的安排下去了北京的某家公证处，连看都没看，就在各种把房子全权委托给骗子的公证书上签下了自己的名字。直到过了一段时间之后，全家人的东西都被新房主扔到大马路上，老太太才知道自己被骗了。在听到这则新闻时，我们不由得感慨骗子手段的拙劣，也为老太太因为贪财心切陷入这么个一眼就能识破的骗局而唏嘘。现实中，大多数人被骗都是因为想得到巨大的利益，却不知道利益与风险总是并存的。有的时候，看似不可能的利益，恰恰意味着黑洞洞的陷阱，很可能将我们完全吞噬。

天上永远不会掉馅饼，世界上也没有免费的午餐，记住这个道理，不奢求得到那些不劳而获的东西，被骗的概率就会小很多。相反，那些贪财心切的人之所以更容易被骗，就是因为他们总想着不劳而获，总想着从他人那里得到些什么。殊不知，平白无故的收获是不存在的，任何时候付出与收获都是成正比的。退一步而言，即使付出与收获不成正比，那也是付出得多，收获得少。任何人都不可能在没有任何付出的情况下就收获满满。只要动动脑筋，想一想，我们就能避免很多陷阱，也能让自己的人生平安度过。

乔乔大学毕业后，回到家乡的小县城，去农村当了一名老师。她当然心有不甘，所以经常在网上和形形色色的人聊天，期待着遇到人生的真命天子。后来，乔乔真的认识了一名网友，还不安分地去见了网友。不过，乔乔很幸运，她和网友之间并没有发生什么。倒是在去见网友的路上，乔乔认识了一个鱼贩子，美其名曰做海鲜生意。当时的乔乔整日被困于农村的小学里，过着宿舍、教室和办公室三点一线的生活，觉得生活了无希望，因而迫不及待地想认识更多的人，摆脱自己此刻的生活圈子。因此，她与海鲜贩子攀谈起来，海鲜贩子对她饶有兴致。

那段时间，乔乔的父母正准备在农村老家建造一栋二层小楼，大概需要二十万元钱。而他们手里并没有这么多钱，只有五六万块钱。显而易见，这点钱距离二十万的巨款还差着一大截呢。当乔乔告诉父母自己认识一个做海鲜生意的人时，在海边长大的父母马上意识到这个海鲜贩子肯定是个有钱人。不过乔乔并不喜欢海鲜贩子，只是把他当成普通的朋友，反倒是父母上了心，觉得乔乔也许从此就找到了“金龟婿”。相处一段时间之后，乔乔父母了解到海鲜贩子的确很有钱，而且在大城市里有自己的房子、车子，还有自己的商铺。为此，乔乔父母怦然心动，明知道海鲜贩子已经结婚了，正在与妻子闹离婚，还主张乔乔接受海鲜贩子。其实乔乔父母是想向海鲜贩子借钱盖房子。

有一天，海鲜贩子又来乔乔家所在的县城贩卖海鲜。他突然打电话给乔乔父母：“叔叔阿姨，我这边临时看上一批鱼，但是没带那么多钱，你们可以借给我几万块钱周转下吗？我只用一两个月的时间。我听乔乔说你们一直想盖房子，这批鱼大概可以赚几万块钱，我也不要，到时候一起给你们十万块钱，给你们盖房子用。”听到借出去几万块钱、一两个月之后就能得到十万块钱，乔乔的父亲毫不犹豫地把准备盖房的五万块钱全都借给了海鲜贩子。没想到，自从借了钱之后，海鲜贩子就消失得无影无踪。乔乔父亲为此几乎崩溃，本来盖房的钱就不够，现在更是分文不剩，他为此整日和乔乔母亲吵架，还责骂乔乔。乔乔也很委屈，因为这笔钱并不是她借给海鲜贩子的，而是父亲自己作决定借出去的。直到若干年后，乔乔早已成家立业，也把当初父亲被骗的钱陆陆续续还给了父亲，她才终于说出了自己的心声：“想占便宜的人一定吃大亏，大多数被骗的人都是想得到人家的财物，才会赔了夫人又折兵。”

生活中的确有很多机会值得抓住，但是好机会从不会从天而降，更不会平白无故地落到谁的头上。案例中乔乔的爸爸总想得到更多的钱，满足自己在家乡建造二层小楼的心愿，因而才会被海鲜贩子骗得一干二净。不得不说，作为父亲，他没有对乔乔尽到照顾和监护的责任，反而为了钱恨不得让乔乔马上嫁给那个海鲜贩子。作为一个成年的男人，他也没有判断能力，导致家里的钱全部被骗走，还把责任推到老婆和女儿的身上，可谓是一个软弱怯懦、没有担当的男人。

人们常说，可怜之人必有可恨之处，这句话真的非常有道理。乔乔的父亲不但是一个可怜之人，也是一个可恨之人。如果不是想不劳而获，他就不会闯下如此大祸，更不会让乔乔背负着沉重的心理负担度过十几年的时间。朋友们，除了父母之外，这个世界上没有任何人会无缘无故地对我们好，为我们付出。所以，当你遭遇天上掉馅饼的好事时，先不要高兴，而要想一想这件事情为什么会砸到你的头上，是否意味着巨大的陷阱。任何时候都不要自负，尤其是当你已经被兴奋冲昏了头脑，失去理智的时候，你更要耐下心来倾听他人的意见，从而让自己及早恢复理智和清醒，作出正确的决断和选择。

所谓的好心人，也许有着毒蝎心肠

大多数职场人士都知道现代职场的人际关系错综复杂，尤其是办公室，几乎已经成为各种消息的集散地，也是流言蜚语的发源地。要想在办公室里立足，并不是一件容易的事情，不但要做到左右逢源、面面俱到，还要有一双慧眼，才能更好地生存下来。现代职场，人才济济，每年毕业季都有很多大学毕业生涌入职场；而此前职场里的那些老同事、老员工又仗着有一些资历，在职场上兴风作浪，所以职场几乎成了千面社会的代名词。职场中，各种各样的人都有，有的职场人士非常骄傲，走起路来趾高气扬，从来不把任何人放在眼里。有的职场人士笑里藏刀，看上去就是一个好好先生，实际上却心思狠毒，恨不得想出各种办法置他人于死地。前者当然并不是最可怕的，至少他们能把心里的所思所想表现出来，让他人对他们有所防备。相比之下，后者这种笑面虎才是最可怕的，因为他们把自己掩饰和伪装得很好，大多数人根本无法识破他们的假面。

俗话说，会咬人的狗从不叫。这句话是老百姓在漫长的生活中总结出来的，告诉我们真正可怕的并不是那些狂吠的狗，而是闷不吭声的狗。它们也许上来就会给我们一口，让我们猝不及防，并且感到非常痛楚。职场上也有这种从不叫唤的人，他们总是面带微笑，看似凡事都不计较，实际上却笑里藏刀，在和气的背后隐藏着他们的阴险毒辣。他们口蜜腹剑，看起来对人非常友好，所以在短期内就能得到同事和领导的赏识与认可。但是随着交往时间越来越长，他们的狐狸尾巴最终会慢慢地露出来。因为你会发现他们最擅长损人利己，最擅长让自己隐藏起来，让你即使受到伤害也怀疑不到作为真凶的他们。所以，朋友们，要想在职场上立足，我们必须擦亮眼睛，提高警惕，更要对各种各样的人进行细致入微的观察，从而察觉到善于伪装者露出的蛛丝马迹，认清他们的真实面目。当然，我们这么处心积虑并非要害谁，只是为了更好地保护自己而已。

熟悉办公室生活的朋友们都知道，同事关系是这个世界上比较微妙的关系之一，同事关系既不同于朋友、亲人之间的亲密无间和值得信赖，也不同于陌生人之间的毫无关系。同事关系从本质上来说并不亲近，但是同事要在工作日内一天八到十个小时地在一起工作和交流，还要和谐相处，精诚协作。所以，我们对同事既不能太亲近，也不能太疏远。毕竟我们与同事是合作的伙伴，时常需要并肩战斗，又是存在竞争关系的人，也许某一天就会产生利益之争。

在同事中，对于那些面色冷冰冰的人，我们其实无须顾忌，因为我们从他们的脸上就能看到他们的内心，也知道他们的情绪和感受，反倒是对于那些整天都戴着微笑假面具的人，我们要小心提防。当他们表现出特别的热情时，千万不要受宠若惊，因为很有可能你要因此倒霉了。常言道，路遥知马力，日久见人心，在工作中，我们与同事之间也难免存在各种利益之争。发生争执并非坏事情，因为，如果凡事都一团和气，我们永远也无法认清同事的真实面目。唯有在利益面前，在争执之中，我们才更容易看到同事的真性情。

凯威进入公司已经三年了，虽然不算是资历特别老，但也算是老员工了。对于工作，凯威始终非常认真谨慎，兢兢业业，从来不敢疏忽懈怠，所以三年来他在工作上虽然没有大的成就，但还是有功劳和苦劳的。老板知道凯威能力一般，也知道凯威工作态度认真，值得托付，所以比较赏识凯威。

最近，公司有个部门的领导升职了，因而空出一个中层管理者的职位。大多数有一定资历的同事都对这个职位垂涎欲滴，其中最有希望得到晋升的就是凯威和威廉。和威廉相比，凯威更有希望，各方面条件也更加符合。不过，凯威和威廉是好朋友。威廉更是对凯威说："凯威，你比我更优秀，我希望你能得到晋升，我会为你高兴的。"威廉的话让凯威非常感动，甚至默默地希望威廉能得到晋升。一个月之后，对晋升人员的考核结束了。原本凯威是板上钉钉的新主管，但是老板宣布的结果让所有人都大跌眼镜，比凯威差一大截的威廉得到了晋升，凯威落选了。

凯威虽然为威廉高兴，却不知道自己的问题出在哪里。尽管如此，他依然表现得很大度，在威廉升职之后，他还特意请威廉吃了一顿大餐以作庆祝呢。然而，三个月之后真相浮出水面。老板口中流传出一个消息，原来，凯威之所以落选，是因为威廉在老板面前告状说凯威在上大学的时候就经常考试不及格，而且曾经作弊。这让老板对凯威的人品产生了怀疑，最终选择了威廉。得知这样的结果，凯威当然伤心欲绝，毕竟威廉曾经信誓旦旦地在他面前说过的那些话至今依然回响在他的耳边。他无论如何也不愿意相信自己最好的朋友居然如此陷害自己，然而，事实就是如此，后来的事实也证实了所谓的谣言是真的。自从升职之后，威廉渐渐疏远凯威，而且对凯威颐指气使。伤心失意的凯威最终选择了辞职，他再也不想面对威廉那张虚伪的面孔。

人在职场，为了竞争期待已久的职位，同事之间发生激烈的竞争是正常现象。但是威廉所做的一切使人感到非常不齿，因为他和凯威是最好的朋友，所以他知道凯威的一些私事。如今，为了自己的利益，他出卖了朋友，以这种卑鄙的手段获得晋升，深深地伤害了凯威。凯威的教训也告诉我们，人在职场，千万不要轻易相信任何人，更不要随意对任何人吐露真心。曾经有人说，聪明的人从不和同事做朋友，其实是有道理的。同事之间，哪怕私交再好，因为在同一家公司上班，难免会机缘巧合地成为竞争对手。每当这时，如果遇到无原则无底线的人，我们就会因为曾经的盲目信任而受到深深的伤害。所以，朋友们，不管是在职场上，还是在小小的办公室里，都是有游戏规则的。我们不可能改变大的环境，但是我们可以改变自己，让自己变得更加谨慎、慎重，从而识破他人的假面，更好地保护自己。

生活中，哪儿有那么多一见如故

古人云，人生得一知己足矣。从这句话不难看出，人们对于友情的重视和对于知己的珍惜。时代发展至今，各种信息的传播速度非常快，交通也越来越发达，使得整个地球变成了一个小小的村庄，人与人之间不再遥不可及。古时候，人们走很近的路就要花费漫长的几个月，甚至是一两年的时间，现在，五湖四海的人轻而易举地就能聚在一起，成为朋友。所以，在生活中，我们常常听到有人惊喜地说自己遇到某人一见如故。如果真的是一见如故，当然是好事儿，初次见面就能相处得如同老朋友，对于每个人而言都是深厚的、可遇不可求的缘分。但是有些人的一见如故是伪装出来的，在这种情况下，这种一见如故是根本不存在的，是别有用心的。这样的一见如故非但不会给我们带来美好的开始，甚至会给我们招来祸患和不幸。

我们不能否认生活中真的有一见如故的情形发生，就算科学也无法解释这种奇妙的现象，有些人真的第一次见面就像认识了三生三世那样熟悉，心灵契合，言语默契。可以说，一个能够得到一见如故的朋友的人，是幸运的人。然而，人性是有多面性的。在古代的先哲中，有人主张人之初性本善，有人主张人之初性本恶，人人都各执一词，对于人性始终没有定论。

那么，人性到底本来就是善良的，还是本来就是邪恶的呢？这一点无从得知。我们唯一知道的是，每个人从呱呱坠地开始，经验和经历都处于空白的状态。但是随着不断的成长，人们的心灵在发展，人心也变得更加复杂。所以，人们总是会变的。尤其是小时候在一起长大的人，如果长大分开很久之后又重逢，更会深刻意识到这个现象。随着时间的流逝，人真的变了，不可能永远都停留在原地、保持原来的样子。所以，朋友们，不要轻易相信一见如故的谎言。我们没有足够的幸运在与一个人初次见面的时候就像认识他三生三世那么熟悉。当有人对你说出“一见如故”四个字的时候，你一定要保持理智，不要盲目地冲动和激动。要知道，一见如故在现代社会已经成为一句客套话或者仅仅表示礼貌，当然也有可能是一句毒药。对方之所以说出这句话，或者是善意地想要与你尽快拉近距离，变得亲近起来，也或者只是为了从你身上得到一定的利益，让你变得不那么警惕和戒备。

在听到一见如故时，我们首先应该想一下自己是否保持冷静和理智。如果发觉心中突然燃烧起升腾的烈火，那么我们就要赶紧拿起灭火器灭火，这样才能避免自作多情，才能避免自投罗网，让自己陷入被动的境地。如果对方在对你说完一见如故之后依然对你很热情，甚至还会做出其他举动，那么你可以以静制动，以不动应付对方的万变，从而以犀利的眼光观察对方到底是何用意。最可怕的情况不在于这种一厢情愿的一见如故，而是当你和对方都觉得一见如故时，你必须赶紧抽身而出，让自己马上降温，保持冷静。否则，你也许会开始一段浪漫的邂逅——当然这件事情的概率是很低的；更多的可能是，你会因此陷入万劫不复的深渊，甚至在未来的某一天深深懊悔自己曾经的一见如故，这样的结果当然令人唏嘘。人们常说惹火上身，由此可见，我们还是应该成为慢热的人，毕竟人与人的相处是长期的过程，而非朝夕之间。所谓路遥知马力，日久见人心，我们唯有在长期的生活中细心认真地观察他人，才能确定自己对他人已经有了深入的了解，并真正认识到他人的本质。

所谓的朋友，绝不是见面就是朋友，而是在长期的相处过程中彼此了解，惺惺相惜，才形成了坚固稳定的友谊。朋友们，既不要相信一见如故，也不要相信一见钟情。也许很多一见钟情和一见如故都给世界带来美丽的故事和传说，但是这些事情发生的概率毕竟很低，我们不能奢望天上掉下来一个馅饼正好砸在自己的头上，唯有老老实实本分地过好自己的生活，用心地经营好自己的友情、亲情和爱情，才是人生的根本。

第10章

秀出丰富的肢体语言，为你的表达增彩

语言是人与人沟通和交流的媒介，而语言的范围是很宽泛的，不像我们所理解的那么狭隘。诸如很多人觉得语言就是书面语言和口头语言，实际上，语言既有文字组成的，也有肢体动作和表情组成的。如果我们能够灵活使用肢体语言来表达自己，那么语言的很多局限也就不复存在，我们的表达必然更加丰富多彩，并使交流更加顺畅。

表情丰富，聊天也变得饶有趣味

生活中有一个奇怪的现象，有的人在说话的时候，其他人马上会鸦雀无声，凝神倾听，似乎这个人变成了全场的主宰，每个人都害怕自己稍不留神就错过他所说的话。与此恰恰相反，有的人在说话的时候总是无法震慑全场，大家该干什么还干什么，对于他所说的话根本没有听到耳朵里，也没有记在心上。为什么会出现这样的情况呢？这其中其实有着复杂的原因，与个人的魅力、经验、学识等都有着微妙的、不可分割的关系。但是最本质的原因在于，这个极富魅力的演讲者一定是一个表情丰富的演讲者，所以他才能吸引众人的注意，尽情展示自身的魅力。

很多人对于说话都存在一个误区，即觉得自己只有在说话的时候才是在说话。而实际上，在真正开口之前，你的一举一动、一颦一笑等你有意或者无意做出来的言行举止，都已经在为你代言了。如果这些准备工作做得好，你就能成功吸引大家的注意力和关注。如果这些准备工作做得不好，你就无法引起大家的兴趣，那么大家自然对你接下来的发言也兴致索然，甚至连听都不愿意听。所以，对于一个真正擅长交流的人来说，在真正开口说话之前，他就会调动身体的每一个部位，从而向他人释放出强烈的信号，暗示他即将发表的内容是至关重要的，也是不容错过的。在进行语言交流的过程中，他们也不显得僵硬，而是有着丰富的表情，甚至有着多变的肢体语言，从而能够及时吸引大家的注意力，让大家始终对他保持聆听的状态。那么，我们到底要怎么做才能让自己的表情更加丰富且有魅力呢？其实，这是有技巧的。

要想用丰富的表情来表现内心，首先我们要更加了解这些表情的含义。有人说面部表情就是一个人内心情绪的反应，就像天气有阴有晴一样，人的心情也是时而阴郁、时而晴朗的。反映在面部表情上，即人在开心的时候会面带微笑，眉毛上挑，说起话来也滔滔不绝，口若悬河，绘声绘色，生动灵活。而对于一个心情郁郁寡欢的人而言，他无论如何也不能让自己的嘴角上翘，因为那种勉强伪装出来的笑容不但使别人难受，也使他自己感到很难受。所以他们总是情不自禁地嘴角下搭，眉梢下垂，眼睛里暗淡无光，说起话来也有气无力。这样一来，别人自然会从他们的表情上断定他们此刻心情抑郁，或者离他们远远的，避免撞到他们情绪的枪口上；或者好心安慰他们，让他们尽快恢复平静。

当然，表情是非常丰富的，绝不拘泥于笑或者哭两种。简言之，笑也有很多种方式，如有开怀大笑，有哈哈大笑，有谈笑风生，有微微一笑等。最近不是有部电视剧的名字就叫《微微一笑很倾城》吗？这个电视剧的名字很有诗意，相信一定能吸引很多观众观看。哭也和笑一样有着不同的表达方式。除此之外，其他微妙的感情就更多了。总而言之，要想更好地给自己的语言表达加分，我们就要学会利用表情，更微妙地表达自己的心情和情绪。同样的道理，在与人交往时，我们也可以通过观察他人的表情来更深入地了解他们的内心。毕竟很多时候直接的语言表达有所限制，只有启用丰富的表情才能弥补这方面的不足，让我们与他人的交流更加顺畅生动。

如果你发现自己在平时是个表情僵硬的人，那么就要有意识地锻炼自己，在与他人交流的时候，或者是在自己独处的时候，都要提醒自己保持微笑。这样不但能愉悦自己的心情，也能使他人对我们产生好印象，更加亲近我们。所谓熟能生巧，表情也是如此。很多细心的朋友会发现，那些大明星都是一些表情丰富的人，他们会做出各种搞怪的表情，在影视剧的表演中，也会根据剧情的需要，时而哭、时而笑、时而忧愁、时而欣喜若狂。这样才使他们的表演更生动，更能打动观众，对于他们的职业生涯也是绝对的加分项。

手势语言，让交流变得更生动

语言的作用并非无所不能，虽然中国汉字博大精深，再加上各种变化，使得语言更加千变万化，但是有些时候语言的表达很苍白无力。每当语言感到乏力的时候，我们不如使用恰当的手势，起到辅助语言进行表达的作用。有的时候，手势的表达作用甚至比语言表达更准确到位、微妙传神。细心的朋友们会发现，很多演讲者在进行演讲的时候都会恰到好处地使用各种手势来表达自己内心激烈的情绪。尤其是在人际交往中，也许人的语言会被伪装和矫饰，而手势语言却不会撒谎。除非人们刻意做出某种手势，否则，通常情况下，手势语言都是自然而然地做出来的。人的身体不会撒谎。在人际交往的过程中，我们完全可以通过手势来表达自己内心的真情实感，也可以通过观察他人的手势语言，洞察他人的内心，了解他人的情绪和情感。

为了避免错误的手势语言给他人造成误解，我们要更加深入了解手势的不同作用，也要注意在进行手势语言的表达时必须符合常规的需要。

首先，在用手势语言的时候，一定要确定自己的手势语言是别人所了解的。如果是我们独创的手势，那么只能用在亲密的人之间，否则就会导致误解，甚至还会引发冲突。在世界各国不同的民族之间，即使是相同的手势动作也代表着不同的含义，所以，去一个陌生的地方生活或者工作的时候，我们就要注意不要急于或者随意使用手势语言，而要先了解当地的手势语言的含义，然后再有的放矢，避免产生误解。其次，我们使用手势语言一定要适度。所谓凡事过犹不及，在与人交流时，如果我们的两只手始终老老实实地紧贴在裤缝线上，那么一定会使人觉得僵硬，感到非常难堪。而如果我们在与人交流的时候手不停地挥舞乱动，同样会引起他人的反感。总而言之，不管做什么事情，都要把握好合适的度，唯有恰到好处，才能达到事半功倍的效果。

举个最简单的例子来说，如果你与一个陌生人初次见面时就热情地握住对方的手，那么你必须掌握好握手的时间。通常情况下，握手的时间以保持在几秒为佳。如果超过这个时间就会使对方尴尬，尤其当对方是异性时，如果你始终握住对方的手不放，甚至会给对方留下轻浮的印象。当然，如果一天之内你几次和同一个人见面，那么除了第一次见面时握手，接下来的几次见面就没有必要继续握手了，只要简单寒暄即可。

在国际上，手势语言的使用也是有很多忌讳的。在使用手势语言之前，我们必须了解这些忌讳，从而避免因为不知情引起他人的嫌恶。例如，我们在给别人指路时要用手掌，四指并拢，掌心要向，这样会给他人尊重的感觉。千万不要用一个手指头指路，否则会使别人感觉受到轻视和侮辱。有的时候，我们看到新鲜的事情或者是某个与众不同的人，总是情不自禁地用手指指指点点。殊不知，这是一种极其不礼貌的行为。尤其是很多人已经习惯了用食指指人。要知道，这种行为在很多人看来都是不能接受的。除此之外，在与他人聊天时，我们也会做出一定的手势动作。为了避免给他人带来不便，我们要注意保持手势语言的幅度，千万不要手舞足蹈。否则，我们的手势语言非但无法达到预期的效果，反而会导致事与愿违。总而言之，对于不同的人、不同的国家、不同的地区、不同的民族，手势语言都有不同的定义。在与他人交往时，我们先要做好准备工作，然后才能有的放矢地使用手势语言

李明和张伟都是某大学中文系的学生，他们都师从都教授。然而都教授只喜欢李明，不喜欢张伟。大学毕业时，李明去找都教授写推荐信，都教授毫不推辞就答应了。但是张伟就没有这么幸运了。虽然他带着礼物特意去登门拜访都教授，但是都教授还是对他不冷不热，张伟不知道这到底是为什么。他问都教授："教授，我和李明都是您的学生，为何您唯独偏爱李明，却对我不理不睬呢？"都教授反问道："难道你不知道其中的原因吗？"张伟有些丈二和尚摸不着头脑，赶紧摇了摇头。

都教授说："既然你不知道，那么，作为你的老师，我很有必要在你毕业之前告诉你原因，以免你毕业之后因为同样的原因再次遇冷。每次上汉语语言文学课的时候，李明和我交流时总是张开胳膊，伸出双手，显得非常开放，也很恭敬。但是你呢？我站在讲台为你们讲授知识，你总是坐在下面叉开双腿，双臂环抱交叉在胸前。你知道你的这个姿势意味着什么吗？"张伟还是一无所知地摇摇头，都教授接着说："你这个姿势意味着你拒人于千里之外，而且你根本不尊重说话的人，总而言之，你给人的感觉非常不好。"张伟这才恍然大悟，他从小就喜欢做这个动作，也许这个动作真的表现了出他内心的狂妄自大，但是他的本意真的不是不尊重都教

授。为此，他赶紧为自己辩解，虽然都教授最终勉为其难地为他写了推荐信，但是他依然没有得到都教授的喜爱。

在这个案例中，我们不能确定张伟一定是不尊重都教授的。实际上，他是因为这个习惯性的动作让都教授非常反感。当然，也不排除都教授与众不同，对于这个动作特别嫌恶。当然，从心理学的角度而言，这个动作的确在一定程度上反映了张伟的内心，即便张伟并非故意针对都教授，也依然让都教授反感。不过，张伟真的很冤枉，他这么久以来一直不得都教授的欢心，竟然是因为这个原因。但是这也给他上了生动的一课，让他在未来的职业生涯中不再犯同样的错误。假如张伟走入工作岗位之后，在和领导说话的时候依然保持这样的姿势，想必他还会在领导那里遇冷的。所以张伟也是幸运的，毕竟在毕业前夕知道这个原因对他而言只有好处，没有坏处。

对于手势的理解，大多数人都有约定俗成的定义，然而对于某些特殊的手势，也许有些人会有特殊的偏爱和厌恶。在这种情况下，我们要想把手势运用得恰到好处，就要更加了解对方的喜好和性格。如果张伟早一点知道都教授不喜欢他这个狂妄自大的习惯性动作，那么他也许就不会肆无忌惮地环抱双臂坐在讲台下听课好几年，也就不会招致都教授的反感。由此可见，要想更好地与人相处和交流，最重要的在于彼此加深了解，投其所好。

人靠衣裳马靠鞍，好形象助力交谈

心理学家经过研究发现，虽然第一印象的形成时间非常短暂，甚至只有几秒的时间，但是第一印象保存的时间很长，能够影响人长达七年之久。由此可见，千万不能小觑第一印象，因为第一印象对于每个人来说都是至关重要的。心理学上有一种现象叫作首因效应，这个效应告诉我们，一旦第一印象形成，人们就很难改变对一个人的看法和感观。尤其是对于初次见面的陌生人而言，既然不可能在短时间内彼此熟悉和了解，那么客观外在的形象就成为决定第一印象的关键因素。通常情况下，人们都是通过外表来获得第一印象的。也就是说，通过一个人的穿衣打扮、言行举止、气质相貌，人们往往会对他形成基本的判断。

对于那些给自己留下良好第一印象的人，人们更愿意与他们相处。而对于那些给自己留下恶劣印象的人，哪怕这个人真正的品质很好，人们也不愿意过多地接触，甚至心里会对他们产生抵触。现代社会，大多数人都把第一印象看得很重，也愿意在最初与人相处时给人留下良好的第一印象。既然如此，我们就要打造好自己的形象，给他人留下良好的第一印象，从而给自己带来更多的机遇，而不要被形象拖累，导致自身的发展也受到阻碍。

小敏是个年轻漂亮的女孩，大学毕业后，她和其他同学一样四处找工作。虽然奔波了好几个月，眼看着其他同学的工作问题都落定了，她的工作却始终没有着落。小敏觉得很纳闷：我的条件不错，为何迟迟找不到工作呢？

一天，小敏参加了一家大企业的面试。她带着自己厚厚的一摞简历，不但有各种证书，还有近年来她发表的一些作品，来到公司面试。小敏的目标是应聘总经理助理，她文采斐然，因而自信满满。没想到，第一轮面试时她就被淘汰了。小敏实在心有不甘，因为这家企业是她心仪已久的企业，为此她找到主考官询问原因。主考官打量着小敏，又翻看了小敏的简历，遗憾地对小敏说：“虽然你各方面的条件对于我们来说还是比较合适的，但是你的形象实在不过关。”原来，小敏总是衣着随意，总觉得一个人要有真正的实力，而不能只靠外表来给自己加分。所以她从来不在乎世俗的审美眼光，而是我行我素。比如，这次面试，很多男士都穿得西装革履，女士也穿着职业套装和黑色的高跟鞋，只有小敏一人穿着一身休闲的牛仔服和运动鞋就来面试了。殊不知，总经理助理不仅要为总经理处理各种文件，还要经常和总经理一起出席各种各样的场合。以小敏这样的形象和打扮，当然不符合现代职场女精英的角色，且会给总经理减分。

毋庸置疑，形象对于一个人来说是非常重要的。尤其是现代社会有很多刚刚毕业的大学生都在寻找工作，所以，不仅要准备好面试材料，更要着重打造良好的职业形象。在为自己打造形象时，我们要注意以下几点：首先，穿着搭配一定要和谐。要知道，并不是把那些美丽的东西堆积在一起就一定能够产生让人赏心悦目的效果。所谓和谐就是美，一个人也许没有办法改变自己的长相，但是可以选择塑造自己的形象和气质。除了自身的学识修养之外，我们还可以通过合适的衣服搭配来显示自己与众不同的品位，给人留下良好的印象。其次，不管我们穿的是高档的服装还是低劣的服装，都要讲究个人卫生。一个人唯有干净清爽，才会得到他人的喜爱。试想，当你面对一个形象邋遢、浑身都脏兮兮的人时，还有欲望和他交流吗？注意个人卫生，不但要每天清洁好自己的面子工程，还要经常洗澡换洗衣服，这样才能免除异味。很多朋友看起来光鲜亮丽，实际上每天只顾着清洁面部，打理发型，根本没有坚持对自己进行透彻的清洁。这样的面子工程，也许能够抵挡一时，但是长久下去肯定不是解决的办法。最后，我们的衣着品位和搭配还要根据环境适时地改变。唯有与环境相融合，适应环境，才是最合适的打扮。例如，在参加晚宴时，我们一定要穿晚礼服，而不要穿着运动套装；在参加运动会时，淑女套装肯定显得不合时宜，柔软舒适的运动服饰才是最好的选择。所以，不要盲目讲究衣服的品牌和价格，而要根据自己出席的场合作出最好的选择。娱乐圈里，还有很多明星热衷于公益事业，参加各种各样的慈善晚宴。细心的朋友们会发现，很多明星在慈善晚宴上的穿着从不过于奢华。毕竟晚宴的目的是奉献爱心帮助那些有需要的人，如此一来，低调一些当然是最好的。此外，和朋友聚会时，如果是亲密的朋友进行日常的休闲聚会，也没有必要穿得过于正式。不如把那些漂亮的衣服留在正式的场合穿，而私底下见朋友的时候就穿着牛仔裤和T恤衫。这样你们的聚会一定会更加亲切随意，让人难以忘怀。

走姿，也是影响交流的重要因素

很多时候，我们与他人进行交流并非在正式的场合，而是在一边走路时一边交谈。这样一来，原本与交谈没有太大关系的走姿，就与交谈有了密切的关系。现代社会，生活节奏加快，工作压力增大，每个人都行色匆匆，与客户或者上级交流时，很有可能会因为对方时间紧张而只能边走边说。这样一来，走姿就成为影响交流的一个重要因素，对方会从我们的姿势对我们形成初步印象，走姿是否优美合宜，也会影响我们与客户或者上级交流的质量。毫无疑问，每个人每天都会进行走路的活动，一个人的精神面貌和心理状态，在走路的过程中都会有所体现。尤其是对于女性朋友而言，走姿是非常重要的自我表现形式，哪怕她们没有出众的美丽外表，如果能够在行走的时候表现出优雅从容的气质与风度，也会给人留下良好的印象。

不管在什么情况下，走姿都应该生动且富有韵味，具有不可言说的动态美。对于军人来说，要求坐如钟、行如风。这就是告诉军人走路的时候要有力量，要优雅，而且要有节奏感。对于普通人而言，走路的姿势也有一定的标准。例如，身体应该直立，请保持目光平视，看着前方。此外，还要挺胸收腹，双臂自然放松。行走时，双臂不要紧紧地贴在裤缝线上，而应该随着身体的律动自然地摆动。脚尖应该向着前方，把重心放在脚尖上，这样在双腿按照一定的节奏向前迈进时，才能保持行走直线。也许有人觉得，眼睛看着哪里是不重要的。只要试一试就会知道，如果眼睛不能保持平视前方，那么走路的路线就不是直线，而是蜿蜒曲折。需要注意的是，走路的过程中双臂的自然摆动非常重要，因为双臂的摆动能够带动上身的动作，使整个身体保持协调，让脚步更加平稳向前。只有在全身和谐自然的状态下，走姿才会更加自然优雅。现实生活中，有些人走路的时候，只有下半身跟随走动的动作在动，上半身则始终保持僵硬的状态，这样会给人一种非常奇怪的感觉，也会使人觉得不可接近。

生活中，有很多走姿都是不值得提倡的。例如，有的人走路时重心不稳，不是往前倾就是往后仰，或者左摇右晃；还有的人走路的时候弯腰驼背，整个人看起来萎靡不振，当然也无法给人留下好印象。此外，一些细节也会导致走姿不够完美，例如，有些人会把手插在裤子的口袋里或者穿着拖鞋走路。此外，走路的速度也是需要注意的。大多数走路大步流星的人，都性格急躁，过大的步伐会破坏他们全身的协调，也会使他们走路时缺乏节奏感，无法产生韵律美。同样地，走路太慢的人往往是个慢性子，他们或者扭扭捏捏，就像小脚老太太一样小步往前走，或者半天一步，让人心急如焚。实际上，走路的步伐跨度根据每个人的身高不同也应该有所不同。通常情况下，人们走路的步伐幅度最好相当于自己脚长的一到一点五倍，这样的步伐幅度才与身高最协调。

为了形成良好的走姿，我们一定要选择一双适脚的鞋子。正如有人所说，鞋子是否合脚，只有脚知道。很多女性朋友为了爱美，总是穿着高跟鞋。哪怕脚被挤得变了形，苦不堪言，也从来不说。其实，对于经常走路的女性朋友而言，最好穿一双低跟鞋或者坡跟鞋，这样既能展现出穿高跟鞋的轻盈优美，又不至于让双脚太累。否则，如果整日穿着高跟鞋走来走去，受苦的还是自己。在过度劳累的情况下，走姿必然无法一直保持优美。当然，在有些场合是必须穿高跟鞋的，这时候女性朋友们就只能坚持和享受高跟鞋啦！

虽然优雅的走姿必须昂首挺胸，但注意要区分昂首挺胸和趾高气扬。所谓昂首挺胸就是指收腹夹臀，把头向上抬起，目光保持平视。需要注意，不要高高扬起下巴，否则就会给人趾高气扬、眼高于顶的感觉。走路的时候，一定要表现出自身的气质与修养，既不要走得过快，也不要走得过慢；既不要大步流星，也不要小脚往前挪。唯有保持合适的步速，穿着得体的衣服和舒适的鞋子，才能让我们的走姿更加从容优美，才能给他人留下美好的印象。

生动的眼睛，也能为你代言

人们常说眼睛是心灵的窗口，能够直接抵达人的心灵。正因为此，眼睛也能够表现出我们的很多心意。当感到忧郁的时候，我们的眼神就会变得忧伤；当感到快乐的时候，我们的眼神就会神采奕奕。总而言之，心情不同，我们的眼神也会随之变得不同。在与人沟通的过程中，除了使用眼神表达内心的微妙变化之外，我们还可以通过观察陌生人的眼神，深入了解陌生人的内心。

尤其在和陌生人交流时，因为彼此之间在初次见面之前了解比较少，也不够熟悉，所以眼神的交流至关重要。一个眼神游移不定的人，很难给人以稳重、踏实的感觉；真正内心坦荡的人在与他人交流时，总是能够用眼睛坦率地注视着对方，看着对方。还有很多人喜欢从眼角下看人，即不正眼看人，这样的人往往心机很深，或者带有自己的小心思，给人以心术不正的感觉。《红楼梦》中的刘姥姥进了大观园，因为惊奇，总是不停地左顾右盼，给人留下了很不好的印象，也损伤了自己的面子。尤其对于女性朋友而言，千万不要让自己的眼神看起来游移不定、深不可测，否则就会让他人觉得你城府很深，心机很多，对你形成不好的印象。

正值毕业季，大学生们四处奔波寻找工作。小米和小曼也结伴而行，经常在各家公司间穿梭，参加一场又一场的面试。相比起来，小米和小曼同行真的不是明智的选择，因为小曼身材高挑容貌出众，气质也与众不同，这把原本平庸的小米衬托得简直不堪一击。不过小米对此不以为然，觉得自己也有优点，所以从来不妄自菲薄。

一天，小米和小曼一起去了她们心仪已久的一家公司，参加面试。层层筛选之后，小米和小曼双双进入了复式。她们很兴奋，想到两个人有可能一起进入这家公司，从好同学到好同事，再到一辈子的好朋友，这真的是最浪漫的事情。然而等到面试结果出来时，信心满满的小曼不由得大跌眼镜，大失所望。原来优秀的她被淘汰了，反而小米如愿以偿地进入了这家公司。和小米在一起时始终具有优越感的小曼很不甘心，当即找到主考官询问原因。主考官说："其实你各方面的条件都不比小米差，甚至有些方面比小米更优秀。但是在整个面试过程中，你始终没有用眼睛直视考官，而是一直眼帘下垂，只是偶尔用眼角看一眼考官，这给考官留下了很不好的印象。小曼和你不同，她眼神清澈，在面试的过程中始终看着考官，让考官感受到她所说的每一句话都足够真诚与坦率。最终考官们综合各人意见，大家一致倾向于录用小米。"考官的话让小曼陷入深思，的确，自信的她并不紧张，她只是过于轻视这场面试了。

很多年轻的朋友都参加过面试，也不乏有些朋友因为害怕或者紧张始终不敢用眼睛直视考官。殊不知，你的这种行为，也许会被考官误解为你对面试的态度不够端正，或者缺乏自信，因而对你形成不好的印象。朋友们，如果内心坦荡，不如坦然面对考官。虽然考官在某种意义上决定了我们的去留，但是从人格上而言，我们和他们是完全平等的，所以我们完全无须对他们感到恐惧，只要如实地表现自己，真诚地陈述自己，我们就有可能得到千载难逢的好机会。在人际交往的过程中，一个聪明人不会让眼睛为自己减分，因为他们知道眼神是更好的交流方式。在很多影视剧中，各种微妙的交流都是通过眼神进行的，因此，很多镜头还会对眼神的交流进行特写，从而给观众留下深刻的印象，给整个影片营造美好的意境。

总而言之，眼神是非常微妙传神的表达，我们要更加理解眼神表达的含义，从而恰到好处地运用眼神给自己加分。

第 11 章

懂方圆知进退，厚脸皮更容易左右逢源

人际交往中，我们遇到的每个人未必都与我们志趣相投、志同道合，在这种情况下，如何才能与他人更好地相处呢？最重要的就是要厚脸皮，不要总是因为碍于面子或者不好意思，导致自己进退两难，举步维艰。常言道，懂方圆方才知进退，厚脸皮有的时候反而更能够左右逢源，在人际交往中真正做到吃得开。

少说一句，也许赢得更多

人为什么要长两只耳朵一只嘴巴呢？就是因为人要多听少说。遗憾的是，现实生活中，总有些人特别喜欢诉说自己，根本静不下心来听别人说什么。有的时候，他们难免言多必失，祸从口出。看来古人留下的教训总是有深刻的意义，重要的在于我们是否用心去做。

人生在世，每个人都少不了要与他人沟通。人是群居的动物，不管是在生活中还是工作中，每天都要与他人沟通。除了天生的聋哑人之外，大多数人的舌头在沟通中起到了至关重要的作用。有的时候，有些人舌头就像一匹脱缰的野马，跑得太快，完全失去了控制，不但用尽了所有的力气，而且埋下了很多祸患。

无数事实告诉我们，很多时候，多说一句话，我们并不会得到更多，反而会给自己惹来更多的麻烦，甚至引发糟糕的后果。在与他人沟通时，我们必须把握好合适的度，该说的说，不该说的不说，更要管好自己的舌头，让它懂得进退，在该忍让的时候宁可少说一句。有时，就算只有一句话，看起来轻飘飘的，听起来也毫无分量，却会如同锤子一样，砸在他人的心上，导致他人的心支离破碎，也给我们带来极大的麻烦。很多朋友对于语言表达都有一个误区，总觉得与他人进行争论的时候多说才意味着占据主动，实际上恰恰相反，很多时候，真正的强者并不用语言证明自己的强大。他们有着足够坚强的内心，偶尔也会不屑与他人辩驳。他们并非不善于沟通，也不是内心胆小怯懦，而是因为他们知道语言的分量有多重。有的时候，我们一句话就能说得他人如同被浇了热油一样活蹦乱跳，歇斯底里。

无数的事实证明，在与他人沟通时，我们必须把握好合适的度。常言道，会说的人说得人笑，不会说的人说得人跳，有时候我们一句话就能说得他人心花怒放，有时候我们一句不经意的话也会为自己处处树敌，导致人际关系紧张。虽然只是一句话的事儿，但这句话是重要的人际交往学问，如果我们能够在关键时刻控制好自己的舌头，管好自己的嘴巴，让自己少说一句话，那么我们也许能够赢得更多的朋友。

尤其是现代职场人际关系错综复杂，人际关系的紧张更是给职场人士带来很大的困扰。很多职场人士都不懂得多说话和少说话的道理，总是在不合时宜的时候插嘴，又在该他们说的时候保持沉默，最终弄得两头不讨好，导致自己只能灰溜溜地走人。职场上因为话说得太多而丢掉工作的人不在少数。身在职场，我们不但要处理好人际关系，更要管好自己的嘴巴。不管是对待工作还是对待同事，或者上下级，唯有巧舌如簧是远远不够的，还要知道哪些话该说哪些话不该说，并且做到不该说的话不说，才能在职场如鱼得水，左右逢源。

很多人总以为说得越多越证明自己能力强，内心强大，不畏惧别人的质疑和挑战，其实真正内心强大的人不会用语言来证明自己的实力，他们总是适当地沉默，这样反而证明了他们的智慧和内心的不可战胜。自古以来，先哲就告诫人们要慎言，意思是说很多事情宁可少说一句，也不要多说。多说会导致祸患，还会带来意想不到的危害，少说反而更能够保护我们，且能够让我们与他人更好地相处。当然，少说并不意味着木讷寡言，也不意味着不懂得沟通。

真正懂得沟通的人知道，交流的时候要适时地进退，这才是上上策。当我们与他人的沟通陷入窘境，到了话不投机半句多的程度，那么再说下去也是毫无意义的。说得越多越尴尬。这种情况下，多说非但不能解决问题，反而会给我们带来麻烦，唯有适当地闭上嘴巴，让事情先暂时搁浅，才能为我们争取更多的时间，争取回旋的余地。尤其是在面对他人的误解时，大多数人一旦遭遇误解就会冲动地解释，甚至喋喋不休、抱怨不止。殊不知，这个世界上并没有那么多公平，所谓的不公平，恰恰是人生中正常的现象。假如我们能够心平气和地对待这些不公平的现象，从容安定地面对人生，那么我们的心也会静水流深。记住，宽容善良地对待他人，也能让我们获得心灵的解放。

面子重要，“里子”更重要

现实生活中有很多脾气暴躁的人，他们固执己见，非常任性，遇到什么事情都坚持自己的看法，不愿意接受他人的意见或者建议。对于这些人而言，最大的问题并不在于他们是否具有恶意，因为他们之中大多数人都是无心的。而正是因为他们无意之间的口舌之快，才导致他们无形中为自己树立了很多敌人，也失去了很多朋友。一个真正善于沟通的人，永远不会让语言如同机关枪一样射向他人。做人要想成功，做事要想圆满，就必须既顾及内在又顾及外在，如此才能面面俱到。

不知为何，日常交往中，很多人特别喜欢争执。每当遇到争执，他们就像打了鸡血一样，激情澎湃，大义凛然，慷慨陈词。他们不知道，这么做非但无法使他们获得他人的好感，反而会使他们失去他人的理解和信任。当激情过后，他们也会感到非常后悔，因为他们非但没有凭着巧言善辩找回面子，反而因为自己的冲动之举失去了里子。这样的损失显然是非常惨重的。通常情况下，只有处事不成熟的人，才会逞一时的口舌之快。

对于很多人而言，嘴巴总是运作得要比大脑更快一些，舌头也比大脑显得更加灵活。这也就决定了很多人在大脑还没有作出正确反应时嘴巴就抢先一步说出了那些冲动的话。这些不假思索时说出的话必然会让我们后悔莫及，然而说出去的话如同泼出去的水，是根本收不回来的。要想避免这种情况的发生，我们就要谨言慎行，三思而行。唯有经过慎重的充分思考，我们才能保证自己的言行举止符合现实的情况，才能把话说得恰到好处，不至于在他人心里留下深深的创伤。人际交往是非常复杂而又微妙的，我们唯有设身处地为他人着想，而非处处都从自己的主观角度出发，才能获得他人的理解，才能赢得他人的信任。

大多数人自尊心都非常强，所以也特别爱慕虚荣。有的时候，在社会生活或者工作中，他们因为各种各样的原因，不得不顾及自己的面子，所以才不顾一切地让语言如同犀利的子弹一样射向他人。殊不知，这样做非但无法维护我们的面子，反而会使我们丢掉更多的尊严。与其冲动地与他人陷入争执之中，我们不如理智地思考，表现出自身的宽容大度，这样反而更能以德报怨，最终让他人对我们心服口服。

很多从事推销工作的人都有一个误区，即总觉得推销工作必须滔滔不绝、口若悬河，这样才能把产品推销给客户，才能得到客户的信任。殊不知，客户是非常明智的，对一个口不择言的人，他们很难产生理解和信任。一个善于沟通的人会时刻反省自己，他不会为了一时的痛快而口无遮拦，因为这种行为看似占据上风，实际上并没有太大的意义，只会给自己和他人带来负面的影响和作用，生活中并不需要始终坚持这种说话做事的风格。

说话做事都不经大脑的人，只会给人留下不切实际、口无遮拦的印象。很多人都觉得语言不那么重要，而且是比较随意的。现实却告诉我们，语言有的时候是最强大的武器，有史以来，那些聪明人总是用语言打击他人，这种打击不是落实在他人的身体上，而是落在他人的心里，导致他人从此一蹶不振，人生也变得萎靡低沉。诸如三国时期的周瑜，就是被诸葛亮活活气死的，诸葛亮更是兵不血刃，只凭犀利的语言，就消灭了周瑜，因而被传为千古奇谈。

朋友们，不管什么时候，都不要轻易用语言攻击他人，要知道沟通的基础是真诚和友善。要想营造良好的交流氛围，每个人都必须付出努力，因为沟通是双向的，只靠单方的努力根本不可能实现良好的沟通。老司机都知道，等红绿灯时，尤其等红灯时，宁可停三分也不抢一秒，这样才能降低交通事故的发生，其实语言又何尝不是？语言就像高速行驶的列车，对于我们而言同样适用宁停三分也不抢一秒的原则，唯有如此，我们才能理智地控制语言，更好地组织语言，不因为自己一时的失误导致祸从口出。与此同时，更要坚持尊重他人的原则，让交流在真诚平等的基础上顺利进行。记住，任何时候，我们与他人都是平等的关系，我们只有尊重他人，才能得到他人的尊重，言语的宽和是一个人最高的美德，我们只有成为高尚的人，才能得到这个世界的善待。

难得糊涂，小事无须斤斤计较

清朝的大画家郑板桥给我们留下了四字箴言——难得糊涂。看似简简单单的四个字，却蕴含着深刻的人生道理。郑板桥告诉我们，一个真正的聪明人，不但能够表现出聪明，更要能够在该装糊涂的时候表现出糊涂，这才是拥有大智慧的表现。所谓难得糊涂，其实是人生智慧的最高形式。这种既能表现出聪明又能伪装糊涂的智慧，对于每一个善于沟通的人而言，并非难事，但是对于那些自以为聪明的人而言，则是很难做到的。因为真正善于沟通的人懂得在语言上进退可守，他们永远都知道要在哪些事情上表现出糊涂，又该在什么时候展示自己的聪明。所谓凡事过犹不及，做人做事同样如此，唯有适度才能达到预期的效果。

作为进入公司五年的老员工，张威一直以来对待工作都兢兢业业，对待同事也非常友善，每当同事有求于他时，他总是马上放下自己手里的事情，去给同事帮忙。有的时候，为了帮同事，他耽误了自己的工作，还不得不靠加班来完成呢！对此，上司都看在眼里，也知道张威是个值得托付的人。然而，眼看着公司有了各种晋升和加薪的机会，却始终没有张威的份儿，他为此感到非常苦恼。他不知道为什么自己表现这么好却什么好事都轮不到。眼看着自己已经进入公司第六个年头，张威决定要找机会改变这一切。

在年度汇报总结上，张威明确地表达了自己的意思。他提醒上司自己已经进入公司五年了，眼看着公司从小公司渐渐发展壮大，也看着很多和自己同时期进入公司的同事已经成为高层管理者，甚至那些比自己晚进入公司的同事也已经成为公司的中层管理者，为此他觉得自己很失败。如果没有更好的机会，他决定重头开始。毫无疑问，张威是在暗示上司，他如果依然得不到晋升，就要辞职。上司当然不愿意张威离开，毕竟，作为一名老员工，张威不但能做好自己的本职工作，而且经常热心帮助同事们，这给上司分担了很大的烦恼和忧愁。为此，张威的年终汇报总结交上去不久，上司就特意请张威吃饭。张威当然知道这顿饭是鸿门宴，也知道上司肯定要找各种理由挽留他。其实，相处五年来，上司已经知道张威是很好说话的人。

当然，张威也很清楚，自己和上司吃饭时，必然要谈很多关键的问题，而他也深知自己的弱点，因而告诫自己一定要坚守原则和底线，绝不轻易退让。否则，一旦被老板说服，也许他接下来的五年还会继续默默无闻。想好这一点，张威打定主意，轻装上阵，赶赴“鸿门宴”。在饭桌上，上司开始向张威诉苦，说起自己这么多年来的辛苦和不容易。张威当然表示理解，但是他也把自己的情况和上司说了。毕竟人生最宝贵的青春年华只有十几年，张威从大学毕业进入公司，已经从二十多岁的毛头小伙子变成了近三十岁的人。他上有老下有小，还要赡养家庭，所以他必须为自己和家人负责。看到张威说得如此坚决、果断，老板继续打感情牌，带着张威一起回忆公司刚刚创办的艰难时刻，忆苦思甜。张威假装喝醉了，趴在桌子上，对上司说：“再干一杯吧，同事一场，也许不知道下一次见面是什么时候了。”这句话听得上司心中一惊，知道张威这是给他下了最后通牒。年终工作调整时，上司提拔了张威，还给张威涨了薪水。

其实，张威并没有那么容易喝醉，他只是不知道如何直截了当地拒绝上司，所以他以酒后吐真言的方式说出了真心话，向上司表明了自己的原则和底线。每个人对于人生都应该有追求和目标，这就是我们人生的底线，唯有拥有底线，我们才能在大事上明辨是非，才能做到小事假装糊涂。张威很聪明，虽然他一直以来都给人以好好先生的印象，实际上只是因为他不愿意在小事上过于计较而已，在最后的这一波中，他争取到了自己的利益，也给了自己五年的付出一个圆满的交代。

装糊涂要讲究方式和方法，尤其是对于自己的原则和底线，千万不要轻易放弃。如果因为一时糊涂而放弃了自己的原则和底线，那么人生中还有哪些事情是值得我们去坚持的呢？其实人生并没有想象得那么复杂，我们只须对大事坚持原则，守住底线，对小事则不必那么认真。所谓难得糊涂，就是告诉我们在小事上不斤斤计较，在大事上明辨是非。每一个善于沟通的人都知道如何利用小事的装糊涂来成就大事。所谓难得糊涂，正是人生的大智慧也。

自嘲，是愉悦自己和他人的撒手锏

现代社会，饭可以乱吃，话却不能乱说，因为不管我们有心还是无意，一旦把话说出去，就相当于把水泼出去，再也不可能收回来。我们的话有可能会触动某些人的心，甚至让他们心生怨恨，以致给自己招来莫名其妙的灾害。人是群居的动物，每个人在生活和工作中都必然要面对形形色色的人，也会遭遇各种各样的事情。很多时候，我们会遭遇突如其来的语言攻击，要想把自己从尴尬和难堪中解救出来，与其使用他人来当挡箭牌，不如自己想办法解脱自己。既然别人侮辱我们的目的是贬低我们，我们何不顺势而为，更加贬低自己呢？这种自嘲的行为，反而能够让别人的居心不攻自破，因为他们很清楚，只有对于自尊心敏感且强烈的人而言，那些侮辱的语言才会形成真正的杀伤力；而对于擅长自嘲的人而言，这些侮辱的语言根本什么都不是。尤其在人多的场合，当我们以聪明机智自我解嘲时，我们更容易展示自身的才华和灵活机动，从而赢得他人的认可和尊重。

当然，这并不是说我们必须妄自菲薄，而是告诉我们，在遇到尴尬的时候，与其一味地为自己辩解，招致他人的嘲笑，不如主动自我嘲笑，反而让他人的嘲笑无处依托。

霍夫曼将军德高望重，极具威严，深得部队里每一个人的敬重。有一次，他去慕尼黑进行视察，士兵们看到霍夫曼都刻意保持距离，不愿意和霍夫曼亲近，生怕一不小心冒犯了霍夫曼。霍夫曼觉得很难受，感到自己就像一座孤岛，处于茫茫大海之中，孤立无援，在整个军营里成了最不受欢迎的人。

军队俱乐部为了迎接霍夫曼的到来举行了欢迎晚会，在晚会上，霍夫曼将军始终面带微笑，他很想与士兵们亲切地进行交流，但是士兵们依然对他敬而远之。每个人，包括那些军官在内，与霍夫曼交流时都小心谨慎，生怕说错一个字。晚会进行到一半时，一名中士服务员来给大家倒酒。此时，霍夫曼坐在餐桌前，正在看着身边的人，认真地倾听他说话。服务员也许是紧张过度，生怕自己哪个地方表现不好就让霍夫曼将军心生不满，因而他的手哆哆嗦嗦，正当他举起酒杯给霍夫曼倒酒时，居然不小心把酒倒在了霍夫曼的头上。看到发生了意外，尤其是霍夫曼将军的意外，在场的每个人都紧张得连大气也不敢出。他们都目不转睛地盯着霍夫曼，不知道霍夫曼作何反应。他们很清楚霍夫曼是个秃顶，所以从来不愿意别人提起自己光溜溜的脑袋。如今居然有人在狮子头上动土，结果实在难以预测。中士服务员原本就胆战心惊，这下子更是吓得张口结舌，连呼吸都险些忘记了。人们似乎都看到了这位高高在上的将军怒不可遏的样子，中士服务员的脸上沁出了豆大的汗珠，脸色变得很难看。出乎大家的预料，霍夫曼并没有生气，反而从自己的口袋里掏出手帕把头上的酒擦干，然后他转过身笑着对服务员说："小伙子，我的秃头已经试过了很多办法都没能长出头发。就算你用这么高档的红酒来刺激我的头皮，估计也是没有效果的。不过我还是要感谢你对我这么用心。但是，我必须坦诚地告诉你，我早就试过了这个方法，根本没有用。"听到霍夫曼幽默风趣的语言，在场的人都忍俊不禁。渐渐地，中士服务员恢复了平静，他充满敬意地向霍夫曼敬了军礼。自从发生这件事情之后，下半场宴会进行得谈笑风生，大家真正看到了霍夫曼的平易近人，再也不对霍夫曼敬而远之了。霍夫曼也如愿以偿地摆脱了孤岛的感觉，与大家打成一片，真正实现了鱼水情深。

人生在世，难免会遇到各种各样的意外。尤其是在尴尬的事情毫无征兆地发生时，包括当事人在内，在场所有人也许都会觉得手足无措。在这种情况下，假如我们能很好地运用自我解嘲的方法，给自己解围，那么就能让现场的气氛变得活跃起来，使其他人不那么紧张。在上述案例中，霍夫曼正是运用这种自我解嘲的方法，才给自己解除了尴尬，也帮助中士服务员消除了紧张的心理，还让现场的人们都哈哈大笑起来，让原本紧张的气氛变得轻松舒缓，可谓一举数得。有人说，自我解嘲是一种非常高明的幽默方式，也是极高的智慧。在人际关系中，自我解嘲能够很好地调节交谈的气氛。的确如此，从霍夫曼将军的案例中不难看出，如果一个人能把自己的缺点拿出来与他人分享，那么足见他是非常真诚和坦率的，大家也会感受到他的良苦用心。这种行为会使当事人表现出亲和力，从而使他在人际交往中由被动变得主动，并成为交际现场的灵魂人物。

细心的朋友们会发现，不管是生活中还是工作中，那些所谓的交际达人、沟通高手，实际上都是很善于自我解嘲的人。当然这并不意味着他们自视甚低，而恰恰是因为他们有足够的自信，拥有非凡的勇气，所以才能勇敢地自我解嘲。这种行为非但没有使他们丧失魅力，反而帮助他们赢得他人的认可和尊重，让他们在人际交往中如鱼得水，游刃有余。

放低姿态，让沟通更加顺畅

面对这个世界，很多人都找不到最合适的态度，所以他们始终和这个世界别扭着，让一切都拧着劲地前行。聪明的人知道，世界就像一面镜子，如果我们对着世界微笑，世界也会回馈给我们微笑；反之，如果我们对着世界皱眉头，那么世界也会皱起眉头来看着我们。在与他人沟通的时候，也是同样的道理。很多人面对他人总是居高临下、自以为是，殊不知，这样的态度不但无助于沟通，还会使沟通陷入尴尬的困境之中。没有人愿意被他人小瞧，更没有人愿意自己的尊严被他人肆意践踏。当我们过于高调地与他人沟通，却没有给予他人足够的尊重时，他人必然也不会尊重我们，更不会与我们进行有效的沟通。任何一个善于沟通的人都不会在沟通中犯这样低级的错误，他们很清楚，唯有与他人保持相同的高度，尊重他人，认可他人，理解和善意地体贴他人，才能与他人进行心与心的交流和融合，才能让他人真诚地说出内心深处与他们不一致的见解和看法，从而达到高度的和谐与一致。这才是沟通的真正目的和意义所在。

无数的事实告诉我们，在不平等的关系中，所谓的沟通也是不存在的。也许大家表面看起来谈笑风生，实则心里却隔得很远，而且彼此心怀戒备，以致沟通无法顺畅地进行。要想与他人实现有效的沟通，我们就要学会降低自己的姿态，与对方保持同样的高度。举个最简单的例子，很多成人在与孩子沟通时总是高高地站在那里，让孩子仰着脸看着他们，这样的沟通当然是不平等的。尽管成人与孩子之间只是身高上的差距，但是这种形式的沟通也给成人与孩子的心理造成了不平等。很多细心的成人在与孩子交流的时候，能够主动蹲下来，让自己的视线与孩子的视线保持齐平，从而与孩子的目光相互平视，令彼此之间进行心与心的沟通。这样一来，成人更容易走进孩子的世界，赢得孩子的信任，他们在与孩子沟通时自然也会取得事半功倍的效果。成人的世界同样如此。在社会上，每个人的身份、地位以及职位都是不同的。也许成人之间的差异不在于身高，而表现在其他更多的方面。当我们作为身份或职位比较高的一方与他人沟通时，应该主动降低姿态，这样才能真正打开他人的心扉，让他人更愿意与我们沟通。

美国前总统里根虽然贵为国家总统，却平易近人，在对待民众时，他总是主动降低自己的身姿，与民众在平等的地位上进行真诚的交流。曾经，一个叫毕力的男孩已经病得很严重了，男孩家人都竭尽所能地满足他的心愿，希望他能毫无遗憾地离开这个世界。但是男孩有一个心愿很特殊，即想当一次总统。虽然家人已经竭尽全力完成了男孩儿大部分的心愿，但是对于男孩儿的这个心愿还是无能为力。就算是那些想帮助男孩的好心人，也不知道如何才能帮助男孩实现这个心愿。正当此时，里根知道了这件事情。他当即邀请男孩去白宫做客，并且许诺会给男孩儿一天的时间当总统。此时毕力的身体非常虚弱，然而等到他真正坐到白宫总统的办公桌上时，他苍白的脸上泛起了满足的笑容。

里根所做的一切并非只是出于形式，里根真的让男孩当了一天的总统，而他则作为总统的贴身助理，帮助男孩处理一切公务。就这样，男孩在整整一天的时间里就像真正的总统那样，坐在总统的办公桌前发号施令，里根则谦卑地帮助他处理各种烦琐的杂务。直到一天结束时，毕力才离开白宫。得知里根的事迹后，美国民众对于他的好感直线飙升，大家都非常支持里根。人们都觉得里根是最平易近人、最体贴的总统。有一段时间，大家甚至称呼里根是美国最称职的总统。不得不说，这一切都是因为里根能够真正发自内心地平等对待民众，哪怕是一个病入膏肓的小男孩的心愿，他也绝不轻视。

通常情况下，大多数人都习惯于以自己为中心，他们总觉得自己才是宇宙的核心所在，也总觉得自己才是最应该受到尊重的。然而，事实是，当我们把自己看得太高，就无异于把他人推得很远，这样我们与他人之间永远也无法进行顺畅有效的沟通。与此恰恰相反，在沟通的过程中，假如我们能够放低自己的姿态，发自内心地尊重对方，那么我们与他人的沟通就会进展顺利。在这种情况下，哪怕他人并不赞同我们的意见或者看法，也会因为彼此的尊重，使他们不会直截了当地否定我们，而是选择一种更合适的方式来与我们进行协商，这样一来，良好的沟通自然也就形成了。

曾经有位哲学家说，放低姿态是一种人生的大智慧，只有正确认识自己的人才能做到这一点。也有聪明的人说，人应该有傲骨，但万万不能有傲气，因为傲骨让我们更加坚持自己做人的原则和底线，而傲气却使我们狂妄自大、自以为是，最终迷失自我。每一个善于沟通的人都应该牢牢记住，要在与他人相处的时候适当放低自己的姿态。当我们真正平等地面对他人时，就会发现，那些看似高不可攀的人，实际上和我们一样渴望平等的沟通。

勇敢者认错，怯懦者错了也不承认

常言道，金无足赤，人无完人，每一个人都不是圣贤。在现实生活中，每个人都会犯各种各样的错误，因为人们有自身的缺点和不足。既然如此，我们也就无须那么紧张地对待自己的错误。很多人一旦犯错就觉得天都要塌下来了，实际上这是完全没有必要的。要知道，错误完全是人生中不可避免的行为，我们不应该对错误如临大敌，而应摆正心态、端正态度，坦然面对错误。其实人生最可怕的不是犯错，而是面对错误时采取错误的态度。很多人一旦发现自己犯错误，就会推卸责任，甚至恨不得逃得远远的，让别人即使追究责任也找不到他。不得不说，这样的错误完全白犯了，因为一个人如果不能从错误中吸取经验、得到成长，那么错误也就无法成为成功的阶梯，失败更不可能成为成功之母。

当错误只涉及我们自身时，我们对待错误的态度也许只能决定我们是否获得进步和成长；而在人际交往的过程中，如果我们不小心因为犯错误而殃及他人，也就是说，我们的错误不止牵涉到自身，那么我们对待错误的态度则直接决定了我们与他人的沟通是否能够顺利进行下去。错误是掩饰不住的，就像纸里包不住火一样，所以，面对错误，一味地逃避不是好办法，唯有勇敢地承认错误，真诚地向他人道歉，表现出坦率和勇敢，我们才能得到他人的认可和赏识他人，他人才愿意继续与我们进行交流。如果我们做不到这一点，而是睁着眼睛说瞎话，当着他人的面一味地推脱责任，那么我们就真的错了。一个犯了错误能够勇敢承担的人，他依然是值得我们钦佩和敬畏的。对于一个犯了错误却拒不承认错误的人，我们完全有理由鄙视他，甚至瞧不起他。看到这里，相信聪明的朋友们都有了选择，那就是犯错之后及时地承认错误，勇敢地承担责任，这样我们才能以人生强者的姿态屹立在他人的眼前，屹立在他人的心里。

作为强生公司的前任首席执行官，吉姆伯克曾经伴随强生公司渡过了一次艰难的危机。他任职期间，强生公司生产研制的非处方止痛药泰诺，此前一直卖得很好，民众也都很喜欢购买这种药品作为家庭常备药品。突然有一段时间，服用泰诺的人中有七个人发生了意外死亡的事故。这件事情在当时引起了强烈的社会反响，民众开始怀疑强生公司，政府的各个相关部门也马上介入调查，最终证明这是一起恶性的刑事案件。原来，有人为了破坏强生公司的声誉，栽赃陷害强生公司，故意在泰诺的药瓶中注射了能够使人致死的氰化钾。当然这完全不是强生公司的责任，而是那些蓄意破坏的人导致的。但是吉姆伯克并没有为此感到轻松，他反而主动站出来代表强生公司向所有的民众道歉。

他在电视台里告诉公众：“之所以会发生这样让人匪夷所思的事情，完全是因为泰诺使用的药瓶不够安全，才会被坏人钻了空子。所以我要真诚地向大家道歉，并且马上组织公司开始研发新的药瓶。这样一来，如果药瓶再被打开，买药的民众就可以轻松地发现药瓶的异样，而不会再发生误食中毒的事件。”而且他当即作出决定，下令撤回在市面上流通的所有泰诺药品，完全销毁。对于家里有泰诺药品的民众，则可以凭借旧的泰诺药瓶去药店里换购新的泰诺药瓶。为了这样的承诺，强生公司付出了一亿美元的代价，而吉姆伯克在处理完这件事情之后也引咎辞职了。但是这件事情的反响完全出乎强生公司的意料——民众自从此事发生之后，反而更加信任和支持强生公司。强生公司的股票也因此一路飙升，最终，在短短的一年时间里，强生公司为了挽回这次意外事故付出的一亿美元就已经完全收回，而且在民众之间建立了良好的口碑。

不得不说，作为强生公司的首席执行官，吉姆伯克的做法是完全正确的。假如他当时推卸责任，那么百姓就会对强生的药品失去信心，而重新选择其他品牌的药品。对于这件看似和强生公司无关的恶性事件，他站出来主动承担责任，反而建立了强生的口碑，为强生树立了良好的品牌形象，从而得到了老百姓的认可、理解和信任。这种行为看似使强生公司损失了很多，实际上却帮助强生公司得到了金钱买不到的品牌和口碑。

遗憾的是，现实生活中，总有些人自以为聪明，在明知自己犯错之后，宁愿巧言善辩，推脱责任，也不愿意主动承认错误，承担责任。实际上，这种行为也许能够侥幸帮助他们逃脱责任，但是也使他们失去了他人的理解、信任，可谓损失惨重。长此以往，他们会变成孤家寡人，失去所有的朋友。其实，人人都会犯错，犯错并不可怕，只要勇敢地承认错误，相信我们一定能够得到他人的谅解，并且展示出自身勇于承担责任的优秀品质。还有些人因为爱面子而不愿意承认错误，这其实也是不可理解的。金无足赤，人无完人。我们唯有承认自己的缺点，才能更加把自己的优点发扬光大。这样一来，尽管我们留给他人的印象不够完美，他人却会因为认识真实的我们而感到庆幸。

第12章

脸皮太薄总吃亏，干得再好说出来才能被人知道

一个人如果茶壶里煮饺子，在现代社会是很不合时宜的。归根结底，哪怕是金子，如果始终被埋没，也无法有好的结局。我们唯有让自己展示在世人面前，让世人认识到我们的能力和价值所在，才会拥有更大的舞台，拓展自己的人生。

优秀的人，更需要得到他人认同

记得曾经有位名人说过，人最大的敌人就是自己。因为人们虽然对很多事物都非常了解，却唯独对自己很陌生。如果我们过于看低自己或者过于高估自己，那么我们就无法正确评价和认知自己，以致迷失自我，并失去他人的肯定和认可。人是社会性的动物，每个人都渴望得到他人的认可和赞许，如果一个人始终没有认同感，那么就是最大的失败。现实生活中有很多人都特别优秀，但是他们最终都失败了，这并非是他们的能力不足，或者他们不够勤奋、努力，主要是因为他们没有得到身边人的认可，包括他们的家人、亲人、朋友、同事、爱人，也包括他们的客户等。尤其是对于销售人员而言，如果想在工作上取得很好的发展和进展，那么一定要得到顾客的认可。如果我们总是无法把自己成功推销给顾客，也就注定我们无法把商品推销给顾客。

导致这一切出现的最根本原因是沟通不到位，其实人们推销自我的最主要手段就是展示自我，而对于很多能力，我们无法在短时间内完全展示给他人，就只能通过语言来向他人表述。只有令我们与他人的沟通更加顺利，我们才能赢得他人的认可和赞许，否则我们就会被他人不断否定，甚至遭到他人的误会、诬陷或者诟病。

现代社会不是崇尚个人英雄主义的时代，尤其在职场上，一个人哪怕能力再强，也必须融入团队与队友们精诚合作，才能取得好的发展。常言道，一根筷子被折断，十根筷子抱成团，我们唯有与团队成员凝成一股绳，才能实现一加一大于二，才能最大限度发掘自身的能力和潜力，创造属于自己的辉煌事业。古今中外，那些成就大事的人，他们的身边都有很多忠心耿耿的追随者。他们不管做什么事情都能得到很多人支持，他们中有些人甚至振臂一呼、应者云集，所以他们才能成就大事、获得成功。所以，朋友们，哪怕你们觉得自己能力很强，也不要认为自己无须依赖任何人的支持和帮助就能获得成功。尤其是在与他人交流的过程中，我们更要降低姿态，与他人平等地交流，赢得他人的认可和赏识，如此才能最终得到他人的支持和帮助。要想进行良好的沟通，心态是非常重要的。同样的一句话，换一种方式或者换一个人说出来，也许就会让听者哈哈大笑。而如果说出的方式不恰当，语气不得当，那么很有可能气得别人哇哇大叫。所以，我们在与他人顺畅沟通之前，首先要调节好自己的心理与心态，这样才能更加游刃有余地游走于生活与职场之间。我们必须记住，即使再优秀的人，如果得不到他人的认同，那么所谓的优秀也会变成顾影自怜，无法实现它本身的价值。我们唯有得到他人的认同，融入这个社会，才能真正得到好的平台来展示自己的优秀，实现自身的价值。

顺畅沟通，帮你赢得更多认可

人们对于沟通，一直仅限于认为沟通会影响人际关系。实际上，沟通在生活和工作中的表现不仅仅如此，很多时候，尤其是在职场上，沟通还是我们展示自身才华的敲门砖。例如，我们刚刚大学毕业，需要为自己找到一份合适的工作，此时，只抱着一摞简历和材料是远远不够的。很多公司在招聘人才的时候都会进举行笔试和面试，如果说笔试是为了考察人才的知识，那么面试则是为了观察人才的沟通表达能力。善于沟通的人在面试中更容易脱颖而出，更能得到主考官的赏识和认可，也更能成功地把自己推销出去，让自己如愿以偿地获得一份好工作。

曾经大多数人都觉得学历才是找工作的敲门砖。随着社会的发展，智商已经不是衡量一个人的唯一标准，情商反而提升到更高的位置。很多用人单位都意识到，唯有智商是不够的，还要有情商，才能在工作中起到更好的协调作用，从而与同事们精诚团结，努力合作，发挥一加一大于二的集体力量。从这个角度而言，我们必须通过沟通来展示自身的情商，表现出自己与人进行互动的能力。在面试过程中，如果我们能与面试官进行良好的沟通，那么面试官就会认识到我们的能力和魅力。很多时候，这些软实力会比所谓的硬实力具有更强的说服力，也能够为我们代言，让我们获得更多的好机会。

毋庸置疑，沟通是双向的过程，至少建立在双方的基础上才能进行。在与他人进行沟通时，我们不但要善于表达，更要善于倾听。通常情况下，人们的表现欲总是很强，如果我们在初次与人见面时就迫不及待地只顾着表现自己，而丝毫无法抽出时间来倾听他人，那么就会给人留下不好的印象。人们常说良好的沟通要建立在认真倾听的基础之上，那么，不如就让我们作为那个倾听者，满足他人倾诉的欲望，从而赢得他人的认可和赞许。只有为沟通建立良好的基础和氛围，我们与他人的沟通才会更加顺利地进行下去。尤其是在面试过程中，我们唯有与面试官进行良好的沟通，才能为自己争取到工作的机会，从而在工作中展示自己的实力，表现自己的才华，让一切抱负都成为可能。

1831年，法拉第发现了电磁感应现象，为此，他还发明了世界上有史以来第一台发电机。这台发电机就以法拉第的名字命名，叫作法拉第圆盘发电机。但作为最初问世的发电机，法拉第圆盘发电机并不美观。它的外形非常简单，甚至堪称简陋。大多数人在满怀希望地看到这台发电机之后，都不由得心生质疑，还有些人怀疑这台发电机既不中看也不中用，根本不可能真正发电。为了消除人们心中的疑惑，法拉第决定找机会向人们介绍自己的发电机，作为一名科学家，他当然很清楚，只有把发电机推销给大家，才有利于发电机后期的发展。

在参加皇家学会会议时，法拉第终于找到机会隆重向人们推出自己的发电机。但是，人们很快就开始对他展开刁难。有一位贵族夫人鄙夷地问法拉第："我觉得你的发电机就像一个劣质的玩具，难道它真的能发电吗？"对于这位贵族夫人的故意刁难，法拉第不以为然。他笑着回答："夫人，您说得很对，我的发电机对于刚刚出生的婴儿来说确实毫无用处。"法拉第话音刚落，其他人就意识到法拉第的妙语回答，所以都不约而同地笑了起来。在笑声中，现场原本剑拔弩张的气氛变得舒缓起来。随后，大家充满善意地询问法拉第关于发电机的使用和原理，还有人问起法拉第发电机未来会有怎样的前景。就这样，法拉第实现了自己的愿望，终于把法拉第发电机推销给了民众。

面对贵族夫人的刁难，法拉第并没有生气，也没有抨击，更没有恶意打击那些刁难者的尊严。然而，他又有自己明确的目的，他必须把发电机推销给众人，才能进行后续的研究和发展。所以，法拉第的回答非常巧妙，而且生动形象。他在暗示大家，每一个新问世的发明都像婴儿一样值得珍爱，而对于一无所知的婴儿而言，任何高科技的新发明都没有用处。最终，法拉第对贵妇人恶意的刁难作出了圆满的回答。人们不但从法拉第的回答中看到了他的涵养和才华，也对发电机未来的发展充满了信心。

任何时候，我们都需要良好的沟通。良好的沟通不但能让我们与他人更好地互动，使我们的人际关系良性发展，也能帮助我们吸引他人的关注，让他人更愿意聆听我们的发言，从而使他人认识我们的能力，深入了解我们的内心，并更加认可和认同我们。毋庸置疑，在生活和工作中，坚持进行良好的沟通不是一件容易的事情。其实，良好的沟通也是要讲究技巧的。在沟通之前，我们首先应该了解他人，尤其是面对陌生人时，我们更要提前了解关于对方的一些信息，这样才能更好地与对方交流。其次，对于那些尖锐苛刻的问题，如果一时之间想不出如何回答，我们也可以适当地回避。毕竟生活中有太多的问题，我们不可能一一解答出来，所以，不要过于为难自己。最后，我们还可以采取踢皮球的方法对待他人的刁难，把他人提出的难题以巧妙的方式回给他人，使他人最终哑口无言。

说话时，请不要急功近利

生活中，很多人都奉行有话直说、开门见山的原则。然而，这并不意味着我们在说每句话的时候都要直奔主题。通常情况下，人们愿意接受某些东西是需要一定过程的，而且每个人的心理接受程度也是不一样的。也许有的话在这个人这里很容易被接受，但是到了那个人那里则变得非常刺耳，使那个人心生抵触。从普通人的接受程度而言，说话的目的性越强，越容易引起他人的反感。特别是对于很多从事推销工作的朋友来说，如果不懂得迂回曲折，只会直奔主题，那么往往会招致对方的直接拒绝。所以，在日常的交流中，如果我们想要说服他人接受我们的意见，那么不妨先忘记自己的目的，带着纯粹的心意与对方沟通。记住，人是感情动物。如果感情没有达到一定的程度，我们提出的要求是一定会被他人拒绝的。尤其是在有求于人的时候，更要学会以情动人，才能如愿以偿地得到他人的帮助。在面对陌生人时，我们先不要直奔主题，而应该更好地与对方交流，先让紧张的气氛放松下来，等到时机适宜的时候，我们再说出自己的心愿，这样往往更容易被对方接受，让我们如愿以偿地实现心愿。

不管从事什么工作，也不管与人交流的目的是什么，我们一定要忘记自己的目标，在交谈中避免急功近利。唯有如此，我们才能以真诚和友善打开对方的心扉，从而与对方更加顺畅地交流。一旦交通变得顺利，很多事情就会水到渠成，而无须我们煞费苦心。

作为一名化妆品推销员，小敏的工作就是每天奔波于各个居民楼或者写字楼，拜访那些陌生的客户，向他们推销化妆品。可想而知，进行陌生的拜访非常艰难，小敏每次在敲开客户的门之后，常常遭遇闭门羹，而很少得到客户热情的对待。如此工作了几个月，小敏一无所获，不由得心灰意冷，甚至想要放弃这份工作。但是小敏转念又一想：我的学历并不高，也没有特殊的技能，如果不能在销售行业坚持下去，那么也许只能从事最普通的工作，或者是服务员或者是清洁工，甚至还有可能给人当保姆。思来想去，小敏觉得自己这种既没有显赫的家世也没有特殊的技能的年轻女孩，最好的办法就是坚持做好销售工作，毕竟这份工作能给她带来更好的收入，也能让她的奋斗和努力得到一定的回报。

再次拜访客户时，小敏决定改变一种方法，她不再开门见山，因此也就避免了连一句话都没说完就遭遇闭门羹的情况。有一天，她敲开一位客户的门。当女主人打开房门时，小敏微笑着问：“您好，我刚才路过楼下，看到您家的窗帘非常漂亮，所以想问问您的窗帘是在哪里买的。您的窗帘，就像小区里一道亮丽的风景，使人感觉眼前一亮，心情也变得愉悦。”

听到小敏夸奖自己的窗帘，女主人不由得喜笑颜开。她当即得意地告诉小敏：“其实，我的窗帘并不是什么名贵的布料，而是我在一家布店的角落里找到的。我买这块布料的价格非常便宜，因为老板根本没有把它摆在柜台上，而是把它丢在一个不起眼的角落里。我好不容易发现了它，对它一见钟情，所以把它带回了家。”

小敏不由得惊讶地问：“您可真是慧眼识珠啊，我觉得这个窗帘是我看过的最漂亮的窗帘，你可以告诉我那家布店的位置吗？因为我也很需要一块窗帘，而且我很喜欢您的窗帘。”就这样，小敏和女主人因为一块窗帘谈得不亦乐乎，女主人甚至主动邀请小敏去她家里坐一坐。在随意的闲谈中，女主人问起小敏是从事什么工作的，小敏说起自己的工作，还把自己随身带的化妆品拿出一些样品给女主人使用。女主人丝毫不像大多数陌生客户那样抵触小敏，而是高兴地开始试用起来。自始至终，小敏都没有向女主人推销化妆品，但是在小敏告辞的时候，女主人还是买下了一套化妆品。

毫无疑问，这是一次成功的推销，也是小敏第一次改变直截了当的推销方式，选择了一种迂回曲折的战术。虽然花费的时间更多，却让小敏人生中第一次成功推销出去化妆品，有了真正的收获，也让小敏看到了自己在销售方面的天赋，对自己的前途更有信心。

很多时候，人们都想走一条直接抵达目的地的路，众所周知，两点之间直线最短。然而生活并不是数学，也不像数学那么简单明了。很多时候，我们不得不放弃简洁，而去寻求一条曲折蜿蜒的路。所谓曲径通幽，只要能够达到最终的目的地，也不失为一种卓有成效的好办法。

既然知道忠言逆耳，就说点儿好听的

常言道，良药苦口利于病，忠言逆耳利于行，也许正是因为这句话的误导，所以使得很多人哪怕知道自己说的话不好听，也要打着为别人好的旗号、毫不犹豫地说出这些逆耳的话。其实这完全是墨守成规的表现，既然我们知道有些话别人不乐意听，那么我们为何不能改变一种方式表达呢？否则，如果我们总是一张口就惹别人不高兴，那么非但不会达到预期的效果，反而会使别人对于我们越来越疏远。最终，他们不再愿意与我们做朋友，更不想和我们交流，我们也就成了孤家寡人。

生活中，言多必失、祸从口出的事例并不少见。当然，大多数情况下，言多必失、祸从口出并非是故意的。但是，如果我们在劝说他人的时候故意说一些难听的话，虽然目的是好的，是为了达到更好的劝解效果，但是因此惹得别人对我们意见很大，那么最终的结果就使人遗憾了。我们常常会因为一句话而失去一个朋友，也会因为一句话而丢掉一个客户，还会因为一句话与最亲密的人产生误解，甚至结下仇恨。这一切的一切到底问题出在哪里呢？都是因为一句话。很多人性格急躁，说起话来直截了当，从来不会让自己的话变得悦耳一些，这样一来，必然使他人觉得自尊心受到伤害，也丢了面子，以至愤愤不平，最终与他们彻底决裂，导致事与愿违。人们常说，会说话的人说得人笑，不会说话的人说得人跳，也有人说一句话就能够使事情成功，当然还有人说一句话就会使事情失败，正是说明这样的道理。

有一家餐厅，因为服务员离职，所以正在招聘。老板很清楚，服务员对于餐厅的生意起到很大的影响，因而他决定扮成顾客，对两个前来应聘的女孩分别进行测试和考核。第一天，老板通知第一个女孩儿前来面试。女孩来到餐厅工作，觉得非常新奇。老板走进餐厅，坐到角落里的一张餐桌旁，点了一杯红奶茶。没过多久，他当着很多顾客的面大喊道：“小姐，赶紧过来！”女孩马上走过去。老板怒不可遏地说：“看看吧，你们餐厅里用的是什么牛奶？我把牛奶倒进茶水里，牛奶居然凝结成块了，这肯定是已经过期的劣质牛奶吧？”女孩这时候已经经过简单的培训，知道这个问题出现的原因。所以，她淡然地看了看老板面前的红茶，发现老板的茶杯里不但有茶水和牛奶，还有柠檬片，她似乎抓住了老板的把柄一样马上得意扬扬地反唇相讥：“先生，您大概从来没有喝过牛奶红茶吧？难道你不知道牛奶和柠檬放在一块儿会导致牛奶结块吗？我建议您最好只放牛奶或者只放柠檬。”说完，女孩儿昂起头走了。

第二天，老板通知第二个女孩来到餐厅里面试。在经过简单的培训之后，女孩就上岗了。老板依然走进餐厅，和第一天一样坐在餐厅角落里的桌子旁，点了一杯红奶茶。随后，老板显得很没有礼貌地喊道：“哎，女孩儿，快过来。看看吧！你们的劣质牛奶把我一杯好端端的红茶都糟蹋了。”这个女孩看了一眼老板面前的茶杯，笑着说：“对不起，先生，我现在就给您换一杯红奶茶。”女孩很快就端着一杯新的热气腾腾的红奶茶走过来，这次托盘上依然放着牛奶和柠檬。女孩笑着对老板说：“先生，我可以给您提个建议吗？”老板疑惑地问：“什么建议？”女孩笑着说：“这杯红茶里，您可以随意添加牛奶或者柠檬。不过，牛奶里的蛋白质在遇到柠檬里的酸时，会结块。所以我建议您不要把牛奶和柠檬一起加入红茶。您可以先喝柠檬红茶，然后喊我续杯，再加牛奶，这样您就可以一次品尝到两种口味的美味红茶了。”听了女孩的话，老板笑了。当即，他就通知第一个女孩被淘汰了，而聘用了第二个女孩。果然，第二个女孩在工作上表现非常出色，也因为良好的沟通能力得到很多客户的赞赏。一年后，老板提升第二个女孩为店长。

毫无疑问，面对同一个问题，第一个女孩和第二个女孩的处理和反应截然不同。她们都很清楚老板面前的茶杯里的牛奶为何会结块，但是第一个女孩儿的表达方法给客户带来了很不好的消费体验，甚至有一些藐视和嘲笑的意味；相比之下，第二个女孩儿的委婉说法，让客户知道了自己的问题出在哪里，又因为女孩儿明知问题出在客户身上却没有反驳客户，反而非常积极热情地为客户端来新的红茶，所以，女孩当然能够为餐厅挽留住一个忠诚的客户。

沟通绝不是大多数人自以为是的想象——只要把语言进行简单的组织说出来就是沟通，事实完全不是这样。哪怕是同样的一句话，由同一个人以不同的语调说出来或者由不同的人说出来，所产生的效果也是完全不同的。很多人为了简捷方便，采取直截了当的沟通方法，殊不知，生活中有一些特殊的情况存在，而我们面对的人也各不相同。这就告诉我们，根据不同的情景要采取不同的方式，这样才能让沟通水到渠成。

幽默的你，才能赢得人们的喜爱

在西方国家，幽默是一种非常重要的能力。大多数人都觉得，只有那些拥有大智慧的人，才能表现出随心所欲的幽默。实际上，现实生活中到处都能找到幽默的身影。尤其是在与他人沟通的过程中，如果我们能够巧妙地运用幽默，就会让沟通取得意外的良好效果。从一件事上，我们不难看出西方国家的人们多么重视幽默，即很多年轻人在寻找人生伴侣时，都会把幽默作为一种必不可少的品质提出来。的确，与一个幽默的人相伴的一生，是让人感到幸福快乐的一生。因此，人们常说幽默是智慧最高的表现形式。

很多人常常怨声载道，觉得自己已经说得口干舌燥，嗓子都冒烟了，但是听话的人连一点反应都没有，因此简直怀疑听话的人是木头人。这到底是为什么呢？其实并非听话的人听力有问题，也不是他们没有听懂我们的话，而是因为我们的语言表达缺乏幽默的元素，所以导致他们对我们的话根本提不起兴致，也不愿意费尽心思地来回应我们。

1727年，英国与法国之间爆发了战争。倒霉的法国学者——大名鼎鼎的哲学家沃泰尔当时正在英国旅行。英国人愤怒极了，把沃泰尔抓起来吊在绞刑架上。他们根本不管他的身份，只因为沃泰尔是法国人，群情激奋的英国人就围聚在绞刑架旁边，想要处死沃泰尔。人们异口同声地喊着：“处死他，处死他，可恶的法国人！”很快，沃泰尔在英国的朋友得到消息，赶到现场。他是英国人，知道学者与政治之间根本没有什么必然的联系，因此他赶紧向情绪激动的民众解释沃泰尔只是一个学者，从未参加过任何政治活动。但是民众显然已经被愤怒冲昏了头脑，他们不管不顾依然大声喊道："处死法国人！法国人该死！"眼看着事态就要失控，沃泰尔的朋友心急如焚，不停地解释，却没有达到良好的效果。为了朋友的性命，朋友情急之下和同胞们吵了起来，现场陷入激烈的争辩中。这时，被吊在绞刑架上的沃泰尔说："大家请安静一下，让我这个将死之人也说几句话吧。"虽然英国人恨透了法国人，恨不得马上处死沃泰尔，但是对于一个将死之人如此简单的请求，依然有一个民众说："你说吧，但是不管你说什么，都无法改变你即将被吊死的命运。"沃泰尔不以为然，等到人们把他从绞刑架上放下来之后，他先是真诚地对着周围的民众鞠了一躬，然后缓缓地说道："我知道，你们都是善良高贵的英国人，因为我是个法国人，所以我注定要被你们处死。但是我觉得我的命运已经非常悲惨了，因为我生来就是个法国人，无法和你们一样拥有高贵的英国血统。这个事实对于我来说是无法改变的，也是对我最大的惩罚，难道不是吗？"听完沃泰尔的话，原本愤怒的民众们突然笑起来。大家再也没有把沃泰尔吊到绞刑架上，沃泰尔也成功地为自己赢回了生命。

沃泰尔用幽默的方式表达了自己对英国人的尊重和对自己身为法国人的遗憾。他的话使原本愤怒的英国人恢复了冷静和理智，意识到沃泰尔只是一个无辜的法国人，并不应为他的国籍而死。他与所谓的战争和政治的纠纷都没有关系，而是一个能够造福于整个世界的学者。而对于沃泰尔的幽默，他们也愿意给予宽容的对待，于是，一场即将发生的悲剧就这样结束了。

尽管幽默本身并不具有强大的力量，但是幽默能够用委婉隐晦的表达打开他人的内心，让他人释怀。尤其是在遭遇生活中很多意外的磨难时，或者是被他人恶意伤害时，假如我们能够用幽默来回报，那么我们就能把快乐和宽容传达给他人，让他人的心中也有快乐生根发芽，最终阳光普照。对于个人而言，幽默更是一种难得的魅力。一个拥有幽默的人总是有着与众不同的气质。哪怕身处逆境，身处险境，他也会以自身的积极乐观感动他人。林语堂曾说，幽默是一种人生的态度。的确如此，如果我们能够以幽默的态度对待人生，那么不管命运作出怎样的安排，我们的人生都将充满欢声笑语。

第13章

练习各种说话技巧，就是要成为与众不同的那一个

以实力凸显自己，当然需要漫长的时间，正所谓路遥知马力，日久见人心。真正聪明的朋友，会在展示自己的实力之前，先以好口才博得他人的眼球，赢得他人的尊重，从而把自己推销给他人，也让自己成为人群中最与众不同的那一个。当然，任何时候，只有好口才是远远不够的，唯有让口才与实力相当，我们才能取得突飞猛进的发展。

重点突出，聊天才能事半功倍

有些人说起话来长篇大论，滔滔不绝，却使听的人一头雾水，根本不知道他们到底在说什么。有的人说起话来言简意赅，虽然只有简单的几句话，却能让他人听得清清楚楚，马上就理解他们的意思，绝不会产生误解。为什么会有如此巨大的反差呢？原因就在于说话的人是否能够抓住重点，找到关键。

人际交往中，在与他人交流的时候，我们难免会遇到一些困境，即使使用语言也无法清晰地表达我们内心的意思。也有的时候，我们还会遇到他人提出的难题，这些难题很难回答，甚至带有他人的恶意。每当这时，我们就可以抓住关键点，就像踢皮球一样把问题踢回去，或者用对方的观点来反驳他们，从而实现我们说服他人的目的。

在成为美国总统之前，林肯曾经是一名律师。从无数次为人打官司的经历中，林肯总结出了一个经验，即如果在辩论的过程中第七条是关键问题所在，那么林肯会让对方在前六条提问时占据优势，自己则养精蓄锐，积聚力量，等到第七条的时候奋力一击，扭转局势，从而最终赢得官司。毫无疑问，作为一名经验丰富的律师，林肯所采取的策略就是抓住问题的关键点，从而一举制胜。这远远比与对方展开拉锯战、不停地你争我夺要更好。

近来，有一家单位因为效益不太好，决定精减员工，就连司机也要从两个变成一个。这样的话，就可以节省一个司机的工资。然而，公司里现有的这两个司机水平都很高，开车都很稳当，也都是各个领导喜欢的司机。不管开除哪一个司机，看起来似乎都不太容易，而且一不小心就会得罪领导。为此，负责人决定在两个司机之间进行一场简单的竞聘。第一个司机长篇大论说了很多，一直在说自己的开车水平多么高，如何才能把车开好。其实他忘了一个事实，那就是他并非是新员工竞聘，因为领导们早已了解他们的开车水平，也真正坐过他们开的车了，所以他无须证明自己的业务能力有多强。

第二个司机上场之后，只是简单地说了两句话。他说："我还会和以前一样，做到以下几点。那就是吃得喝不得，听得说不得，开得使不得。"第二个司机言简意赅，清清楚楚地阐述了他作为单位司机的责任和使命，也说得领导心花怒放。大家都知道司机经常要在一天的时间里陪伴领导，因而有很多机会知道领导的私事，甚至是领导不想为人知道的一些事。司机说的吃得喝不得，正是说自己作为司机只能吃饭不能喝酒；听得说不得，正是告诉领导自己一定会管好嘴巴，不对领导的各种事情说三道四；开得使不得，是因为司机知道车是单位的车，而不是自己的私家车，所以即使自己有什么事情也不能随便开单位的车。就是这样的三句话，说得领导怦然心动，自然把这个情商和智商都很高的司机留在了公司。

很多时候，说话不在于多，而在于精。只要能够找到语言表达的关键点，抓住重点，我们就能够找到契机，说服对方，打动对方的心。所以，在与他人交流的过程中，我们一定要避免漫无目的地长篇大论，这样不但浪费时间，也会招致他人的反感。唯有抓住关键点，我们的语言表达才会更加强劲有力，不但能够赢得对方的尊重，也能够顺利地解决问题，证明我们的实力，可谓一举数得。

词能达意，交流更到位

日常交流中，很多人为了避开他人的锋芒，故意顾左右而言他，不愿意正面回应他人的问题。这当然是自我保护的一种方法。不过有些人的顾左右而言他并非故意为之，而是因为表达的时候无法准确说出自己的观点，更无法到位地阐述自己的想法，所以导致说起话来啰哩啰唆，词不达意。

人们常说语言是思维的外衣，所以我们与他人交流时的表达方式往往能够体现出我们的思维能力、待人处事的水平以及个人的独特魅力。当他人想通过我们的言行举止来了解我们的为人时，当我们需要求助于他人帮我们解决难题时，我们首先需要做的就是通过语言来推销自己，让他人信任我们并且愿意全力支持我们，这样我们的目的才能达成，我们才能如愿以偿地得到他人的帮助和扶持。

对于语言表达而言，最基本的要求就是把话说清楚。如果我们说来说去也没有说清楚一件事情，那么我们的交流当然毫无意义，更没有效果。所谓说清楚，其实就是表情达意准确到位，我们要把自己心里想的都表达出来，这样才能让他人知道我们的所思所想。恰到好处的语言交流，让我们与他人的思想产生碰撞和交流融合，最终达到高度的一致和共识。

说话的时候，要想言简意赅、以词达意，就要注意以下几点：首先，很多人说话喜欢没头没尾，肆无忌惮地省略主语。的确，在书面表达的过程中，对于同一句话里出现的主语，有的情况下是可以省略的。但是口语表达与书面语言表达有所不同，口语表达更讲究时效性，而且一句话只需要几秒钟的时间就能说完，也许对方并没有记住我们前一句话的主语。所以，在口头表达过程中，我们千万不要随意地省略主语，否则就会引起对方的误解。其次，虽然口语表达相对比较随意，但是，在表达的过程中，我们还是要尽量减少使用同音词。尤其是现代社会，来着自五湖四海的人都聚集在大城市一起生活和工作，我们也要减少使用方言或者是文言文。少用方言是因为大家来自不同的地方，未必每个人都能够听得懂方言；而文言文则不是现代社会的流行用语，所以不应该出现在人际交流中。再次，为了使我们的表达更清晰准确，让他人能够听得清楚，我们说话时语速不应过快。人与人交流的目的就在于彼此沟通，如果我们语速过快导致对方听不清楚我们的话，那么就无法达到交流的效果。此外，语速过快还会导致说话时含糊其词，使他人误解我们的意思。我们一定要发音准确，吐字清楚，对于很多普通话受到方言影响比较大的人而言，最好进行普通话练习，这样才能在国内每个地方都与人顺利地沟通。最后，口语表达不同于书面语言的表达，无法加上逗号、句号、冒号等各种标点符号，假如我们看书的时候看到一篇文章通篇都没有一个标点符号，那么一定会觉得非常恼火，因为这样的文章根本没有办法看。同样的道理，如果我们在说话的时候始终保持持平的语调，而且语速非常均匀，根本没有任何停顿，那么也会让听的人觉得非常懊恼，更无法理解我们的意思。由此可见，在口语表达中，没有合适的停顿，我们就无法准确表达自己的意思，听的人更是不知所云。有的时候，一句话如果停顿的地方不一样，意思也会截然不同。所以，在与他人交流时，哪怕我们再心急，也不要叽里呱啦地说一通，而要在适当的地方进行停顿，从而增进彼此间的交流和沟通。

总而言之，准确表达说起来容易，做起来却没有那么容易，因为沟通原本就是一件微妙细致的事情，很多小细节都需要我们去注意，并且做好。我们唯有多多用心，并更多地在表达时为他人的理解着想，才能使沟通更顺畅。

正话反说，取得出人意料的好效果

在人际交往的过程中，如果我们与人沟通时只会使用平铺直叙的方式，那么未免使人感到枯燥乏味。就像在小学三年级开始学写作文一样，最初老师会让我们记流水账，这是为了让我们学会如何组织语言，表述清楚一件事情。但是随着年级的升高，到了五六年级，老师逐渐教会我们各种不同的叙述方式，如倒叙、插叙等，也会教我们一些修辞的手法，诸如排比、比喻、拟人等。这些不同的叙述方式和修辞方法都会为我们的作文增添异样的光彩，使我们的作文水平更高，能够成功吸引读者。

语言表达也和写作文一样，如果总是平铺直叙，就会让听的人兴致索然、毫无兴趣。其实，在进行口语表达的时候，方式要比写作文更加灵活。毕竟写作文需要经过慎重的思考，而且是书面语言，不能废话连篇，但是口头语言的表达则更加灵活多样。有的时候，我们还可以采取正话反说的方式，让别人得到更加深刻的启迪。

一直以来，人们都知道抽烟有害健康，大多数关于香烟的广告也都告诉人们抽烟的危害。但是，哪怕人们第一次看到抽烟的广告时觉得胆战心惊，随着看的次数多了，也未免觉得有些疲惫和麻木。最近有一则广告则与众不同。这则广告上宣传了抽烟的四大好处：第一，抽烟能够节省布料。因为抽烟使人的肺部受到严重的损伤，导致身体驼背和萎缩，这样一来，做衣服就能节省很多布料，也可以少花一些钱。第二，抽烟能够驱赶蚊子。就算是喜欢在肮脏环境中生活的蚊子也无法忍受烟雾的毒害。第三，抽烟能够防贼。到底为什么抽烟能够防贼呢？原来，抽烟的人大多数都有气管炎，他们整日整夜地咳嗽，就算深夜也不能停止咳嗽，更无法安静地休息。小偷听到房子里传来咳嗽的声音，知道主人还没有深入睡眠，当然不敢贸然前来偷窃。第四，抽烟能够永葆青春。大多数抽烟的人都活不到很老的岁数，也许在青壮年就去世了，所以可以永远停留在青春的岁月里。

这则广告别出心裁，看起来是在细数抽烟的好处，实际上却是在控诉抽烟的各种恶劣后果。人们先是纳闷地看这则广告到底能列举出抽烟的哪些好处，看到最后才恍然大悟——原来这则广告是对抽烟的控诉，这样一来，自然能够产生强烈的对比，也具有风趣幽默的效果，给人留下深刻的启迪和警示。

通常情况下，我们想要说服他人或者劝说教育他人，都可以采取正话反说的方式。这一反一正，给予了人们强烈的心理刺激，使人们在幽默之中、欢笑之余，不由得陷入深思。当然，正话反说也要区分对象和场合，在一些严肃的场合是不宜采取这种方式的，在面对一些身份特殊尊贵的长者或者是职场上官位很高的上司时，也不能采取这种亦正亦邪的说话方式。

转移话题，打破交流的坚冰

聊天时，当然每个人都希望自己能与别人相谈甚欢，谈笑风生，然而事情的发展总是出乎我们的预料，有的时候，因为一句话说得不当或者是因为对方居心叵测，我们往往会陷入尴尬和难堪之中，使得聊天无法继续下去。每当这时，人们总是觉得很难堪，毕竟这样僵持下去不是好办法，也会使人际关系受到很大的伤害。在这种情况下，如果我们不想针对他人抛出的话题继续交谈，而又不不愿意直截了当地拒绝他人，那么就可以采取转移话题的方式巧妙地结束此前的交谈，把话题引到自己擅长和感兴趣的领域之内。这样做既能避免引起对方不快，也能消除自己的尴尬，从而把对自己不利的局面扭转过来，让自己成为现场的主宰。

转移话题的时候，我们可以说自己感兴趣的话题，也可以说对方感兴趣的话题，从而成功转移对方的注意力。比如，对方说对我们不利的事情，那么我们可以赞美对方最近皮肤很好或者衣服很漂亮，这样一来，对方一时得意，就忘了再继续刁难我们，也就避免了彼此间的尴尬和难堪。

在学校的单元测中，刘倩没有考好。已经上学校五年级的她，当然不想再被妈妈批评，因而她想出了一个好办法。回到家里，妈妈刚刚问起考试的成绩，她就大惊小怪地惊叹道："妈妈，你今天的心情怎么这么好啊，是不是在单位里有什么开心的事情？"妈妈的确得到了领导的表扬，而且年底有可能得到晋升，因而她笑着对刘倩说："当然，妈妈心情很好，因为妈妈在工作上表现很好。那么你呢，单元测试成绩如何，可不要觉得你转移话题妈妈就会忘记这件事了。"看到转移话题不成功，刘倩只好硬着头皮把自己的成绩告诉了妈妈。妈妈给刘倩分析了试卷之后，也没有过多批评刘倩，毕竟女儿已经这么大了，再不顾及女儿的面子，一定会使女儿伤心的。

毫无疑问，恰到好处地转移话题并非一件简单容易的事情，正如案例中的刘倩，转移话题的尝试可谓失败了。转移话题时，我们一定要审时度势，找到合适的好时机，而不要过于生硬，否则就会司马昭之心——路人皆知，他人当然会知道我们的用意。成功地转移话题，不但能够避免不愉快，还能保全他人的颜面，保护自己的尊严，是非常有效的人际交往方法。

所谓他山之石，可以攻玉，只要我们足够机智灵活，就能够适时地转移话题，让自己摆脱尴尬，并让他人摸不着头脑，不得不跟着我们的思路继续交谈。

“找借口”，真的是“找”借口

每个人对于找借口都不陌生。这是因为，在现实生活中，我们总是会遇到自己无法面对的事情或者无法回答的问题，每当这时，如果我们不想直截了当地拒绝他人，又不想伤害他人的颜面和自尊，找借口就是最好的选择。有的时候，我们之所以找借口，也是为了保护他人，照顾他人的颜面和自尊。

很多人觉得谎言是不可原谅和饶恕的，但实际生活中，每个人每天都在撒谎。只不过有些谎言是在无意中说出来的，所以人们并不知道自己已经撒了谎。而有些善意的谎言则是人们为了保护自己喜欢和心爱的人，出于善意，才故意捏造出来的。在这种情况下，人们会说自己的谎言是善意的，从而把善意的谎言和恶意的谎言区别开来，因而并不会为自己的谎言感到特别内疚。由此可见，人们对于找借口始终觉得理所当然，并不觉得有什么不妥。既然说话时注定要找借口，那么，我们在真正找借口的时候，不如多多费心一些，找一个听起来合情合理的借口。这样既能保全对方的颜面，照顾对方的自尊，也能让我们说的时候理直气壮，绝不露出任何马脚。其实，在现实生活中，如果能够找到好借口，就会让人际关系进步很多。

作为二手房销售人员，李军的任务不仅是带客户看房，同时还要多多开发房源，这样才能两手都要抓、两手都要硬，从而让自己的业务不断提升。前段时间，李军听说小区里有一户人家要卖房，因而一直惦记着去这户人家看看，联络联络感情，从而取得代理权。不过这么突兀地去这户人家当然不合适，李军经过多方打听，才得知这户人家的主人是一位作家。李军不由得感到很高兴，因为他想出了一个非常合理巧妙的借口。

一天，李军穿着西装革履，带着一个公文包来到了这户人家家里。打开门，看到门口站着一个陌生人，主人似乎非常纳闷也不太愿意招待李军。这时李军赶紧进行自我介绍：“张老师，您好。这次之所以过来拜访您，是因为建筑局的刘局长极力向我推荐您。他告诉我您家里可能需要销售房子，又知道我正好从事二手房行业，我的门店就在小区门口，所以特意叮嘱我带着您的大作来找您，还拜托我一定要得到您的亲笔签名呢！”原来，李军随身带来了张老师新出的一本书。说着，李军从公文包里拿出散发着油墨清香的书，张老师当然非常高兴。再加上李军认识建筑局的刘局长，所以他当即打消了疑虑，还热情地邀请李军进家里坐一坐。理所当然地，李军取得了这套房屋的代理权。

李军的借口找得非常巧妙，不但让房主张先生无法拒绝他，还以这种方式间接恭维了房主。实际上，这一切真的只是李军找的借口而已，李军只是恰巧认识建筑局的刘局长，也正好通过多方打听知道了房主张老师是一位大名鼎鼎的作家而已。谁不愿意被他人吹捧和夸赞呢？哪怕是大作家也难以免俗。所以当李军拿出他的大作时，他当然非常高兴，而且对李军刮目相看。

借口在生活中绝不罕见，甚至可以说随处可见。例如，当我们家里来了客人、久坐不走时，我们很想让他们赶快离开，就可以借口说自己马上要出去接孩子放学或者借口已经和朋友约好了几点钟在某个餐厅见面。这无异于逐客令，却比逐客令客气了很多，也不会伤害对方的颜面。如果对方识趣，一定会主动告辞，而不会耽误你提前约好的事情。

当然，生活中的情况千变万化，我们并不能僵硬地套用某一种方法。在与他人交流的过程中，我们要根据交流的具体情况以及他人的脾气秉性，多动脑筋找到最合适的借口。借口找对了事半功倍，一举数得；相反，借口找错了事倍功半，甚至事与愿违。

参考文献

[1] 高朋.别让不好意思害了你[M].合肥：安徽人民出版社，2013.

[2] 谢国计.别让不好意思毁了你[M].北京：九州出版社，2014.

[3] 李世强，柴一兵.别让敏感毁了你[M].海口：南海出版社，2016.